QUELQUES FAITS

A AJOUTER A LA

DESCRIPTION MONUMENTALE

DE LA VILLE DE BAZAS

(GIRONDE).

Dessins, par M. Léo DROUYN, membre de la Société française pour la conservation des monuments ;
Texte, par M. Charles DES MOULINS, membre de l'Institut des Provinces, inspecteur divisionnaire de la Société française pour la conservation des monuments, membre de l'Académie Royale des Sciences, Belles-Lettres et Arts de Bordeaux, &c.

(Juin 1846.)

CAEN,

DE L'IMPRIMERIE DE A. HARDEL, RUE FROIDE, 2.

1846.

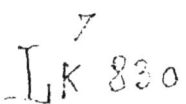

(Extrait du Bulletin monumental publié à Caen par M. de Caumont.)

QUELQUES FAITS

A AJOUTER A LA

DESCRIPTION MONUMENTALE

DE LA VILLE DE BAZAS

(GIRONDE).

Dessins, par M. Léo DROUYN, membre de la Société:
Texte, par M. CHARLES DES MOULINS, membre de l'Institut des provinces, Inspecteur divisionnaire de la Société.

JUIN 1846.

Qu'est-ce que la ville de Bazas ?

Pour le voyageur, c'est une longue rue bordée de maisons propres ou insignifiantes, et d'auberges où l'on déjeûne à la hâte pendant que les valets d'écurie renouvellent les attelages.

Pour le touriste, c'est la dernière étape du monde habitable sur la frontière des Landes,

« Lieux où finit *la vigne*, où *le désert* commence; »

car en France, nous sommes encore gens à préjugés; nous laissons volontiers ces pauvres Landes en possession incontestée de leur vieille réputation de pays stérile et laid, sans daigner nous informer si l'on n'y trouve pas, et cela bien souvent, des arbres d'une admirable beauté, des mouvements de terrain pittoresques, de fraîches eaux, de riantes et vertes solitudes où siffle le merle, où chante le rossignol, des chaumières qui rivaliseraient avec celles de l'Ecosse et de la Suisse. Mais non ; le pin, c'est la Lande, la Lande c'est le pin : qui a vu un pin en a vu mille. Appuyé sur ce judicieux aphorisme, bien convaincu qu'en jetant un dernier regard sur le beau clocher qui s'élève à sa gauche, il a salué le jalon qui sépare la terre nourricière des hommes de la terre inerte et morte, le touriste s'endort dès qu'il a passé le petit pont du Beuve (1), en demandant qu'on le réveille aux portes du Mont-de-Marsan. Cette ville pourrait bien mériter l'honneur d'un coup-d'œil, en sa qualité de chef-lieu de préfecture.

Pour l'industriel, Bazas est un lieu où le tannage des cuirs donne des produits renommés, et où l'on se procure des plants d'asperges d'une qualité supérieure.

Pour un grand nombre de pères et de mères de famille, c'est un endroit délicieux, car on y passe quelques heures dans l'année avec ses enfants, assis à l'ombre de belles promenades, ou près du foyer d'une hôtellerie, ou dans l'élégant parloir du collége que la sollicitude de nos prélats a établi dans l'ancien séminaire, sous la direction de savants et pieux ecclésiastiques.

Pour quelques familles anciennes de la province, c'est une sénéchaussée dont un ou plusieurs de leurs ascendants occupèrent la première magistrature ; pour quelques autres, c'est un siége épiscopal qui resta debout pendant près de treize siècles, et sur lequel s'assit le frère d'un de leurs ancêtres.

---

(1) *Le Beuve* est le nom employé dans le pays, par M. l'abbé O'Reilly et par la *Guienne monumentale*. M. Jouannet (*Statist. de la Gironde*) dit *La Beune*.

Pour le dessinateur pittoresque, Bazas est dans un fond, car en arrivant soit de Bayonne, soit de Bordeaux, il s'est vu, du haut des plateaux, presqu'au niveau du sommet de la flèche élégante qui domine la ville : il en a conclu qu'il y a peu à espérer sous le rapport des points de vue ; il a dessiné la cathédrale vue de la place, s'il n'a pas été effrayé de la profusion des ornements qui décorent sa façade, ou vue d'un côteau voisin si le temps ou la force lui ont manqué pour affronter ces difficultés. S'il est paysagiste, il fera mieux ; l'artiste est fureteur de sa nature, parce que son organisation délicate le soumet à une sorte de magnétisme qui part de là où il y a quelque chose de beau. Ces riches silhouettes d'arbres, ces masses de chênes, d'ormes, de peupliers, si gracieusement combinées, qui divisent ou dérobent à la vue les campagnes environnantes, cette étroite échappée qu'il a saisie en traversant le vallon, lui disent assez qu'il faut chercher où placer son trépied, où dépenser sur la toile les trésors de sa palette. Quelque chose d'invisible, mais de bien fort, l'attirera de site en site, et peut-être, embarrassé du choix, se fixera-t-il loin de la ville, trop loin même pour apercevoir les monuments qui constituent son individualité et la font reconnaître. C'est ce qui est arrivé, dit-on (1), au Salon de cette année, où deux charmants paysages *des environs de Bazas* ont été exposés par M. Jules André, mais sans traits caractéristiques qui puissent, en l'absence du livret, indiquer la contrée à laquelle ils appartiennent. Nous nous félicitons aujourd'hui de ce que le gracieux artiste a été entraîné au-delà de l'horizon de l'antique cité ; s'il venait à lire ces lignes, à jeter les yeux sur les dessins qui les accompagnent, il comprendrait combien nous lui savons gré de ce qu'il nous a laissé.

(1) *Mémorial Bordelais*, avril 1846, feuilleton de M. Jules Delpit sur la part qu'ont eue les artistes bordelais à l'exposition de cette année.

Pour l'historien, Bazas est une cité gauloise, capitale des *Vocates*, assiégée et prise par Crassus, lieutenant de César. Après la conquête, elle fut connue sous le nom de *Cossio Vasatum*, d'où viendrait, suivant quelques étymologistes, celui de *Cousiots* que portent encore les habitants des Landes environnantes. Pendant la période gallo-romaine, elle fut l'une des villes les plus importantes de la Novempopulanie, la première peut-être après Eauze qui en était la métropole, et elle devait cet avantage à sa position fortifiée par la nature et par l'art, *oppidum et natura loci et manu munitum*, dit César (*De Bell. Gall.* lib. 3. cap. 23-27 (1). Les conquérants la fortifièrent de nouveau; Pallas et Pan devinrent ses dieux tutélaires; elle forma un municipe indépendant, ayant son sénat et ses chefs civils et militaires; elle fut le berceau des familles d'Ausone et de St.-Paulin. Dans les diverses invasions des Barbares, depuis les premières années du Ve. siècle jusqu'à la fin du VIe., elle fut dévastée, pillée ou incendiée quatre fois. Relevée de ses ruines, Charlemagne en fit le chef-lieu d'une des trois grandes sénéchaussées gouvernées par le comte Seguin, y fonda une Université dont le sceau a été retrouvé, et réunit sous ses murs cette belle et vaillante armée que la trahison détruisit à Roncevaux. Puis, au milieu du IXe. siècle, vinrent les Normands qui l'empor-

---

(1) Nous suivons ici l'opinion commune, adoptée par M. l'abbé O'Reilly; mais l'honneur d'avoir été assiégée par les légions romaines, a été disputé à la ville dont Bazas occupe aujourd'hui l'emplacement, et M. Jouannet (*Statist. Girond.* t. 1. p. 95.) s'est abstenu de prendre parti sur cette question. Il parle du peuple, *Vocates*, mais nullement du siège de la ville qui, d'après le texte des Commentaires, pourrait aussi bien avoir été celle des Vocates que celle des Tarusates (Aire). M. O'Reilly fait observer à l'appui de son choix, qu'aucune ville du Tursan n'est aussi heureusement défendue par la nature que Bazas. Aire l'est moins encore qu'aucune autre.

tèrent d'assaut et la rasèrent. A dater de cette époque, Bazas perdit de plus en plus, dans l'ordre politique, ce que gagnait Bordeaux par la résidence habituelle des ducs de Gascogne et d'Aquitaine ; et cependant lorsqu'ils furent, comme tous les Aquitains, courbés sous la domination anglaise, ses habitants se distinguèrent par leur opposition courageuse à la tyrannie étrangère. Charles VII et ses successeurs les récompensèrent de leur fidélité en unissant leur ville aux domaines de la couronne et en leur accordant divers priviléges, entr'autres l'exemption des taxes qui pesaient, comme punition, sur les Bordelais. Cette prospérité ne fut que passagère, et les guerres de religion mirent le comble aux désastres que cent années d'efforts avaient à peine réparés. Quelques siècles plus tard, les Bazadais se souvinrent de leur vieille fidélité à nos rois, et Louis XVIII orna leurs antiques armoiries d'un chef cousu d'azur fleurdelysé, avec cette devise : *Bazas, 11 Mars 1814.*

Voilà pour l'histoire politique ; quant à l'histoire ecclésiastique, Bazas y tient encore une place honorable par la haute antiquité de son siége épiscopal. Au témoignage de St.-Grégoire de Tours, un évêque nommé Pierre, l'occupait en 439, et la foi s'y était établie déjà depuis deux siècles, puisque l'apôtre de l'Aquitaine, Saint Martial, y avait fondé, sous le vocable de la Mère de Dieu, l'église de N. D. *dou Mercadil,* remplacée après trois destructions successives par le curieux monument que nous allons être les premiers à décrire et à figurer. Genseric mit le siége devant Bazas, mais les prières publiques ordonnées par l'évêque Pierre, détournèrent le fléau, et le roi des Huns s'éloigna de ses remparts. Bientôt après, les Goths ravagèrent l'Aquitaine sous la conduite d'Evaric, et Bazas tient sa place dans le lamentable catalogue des églises dévastées et veuves de leurs pontifes, que nous a laissé St.-Sidoine Apollinaire. Au commencement du siècle suivant, un concile y fut tenu sur la demande de l'évêque Sextilius, et cinq cents ans après, un autre évêque, Gombaud, frère de Guillaume Sanche duc de Gascogne, associé à son titre et à son gouvernement, prit aussi le titre de primat d'Aquitaine ou d'évêque de Gascogne, qu'il laissa à ses successeurs pendant plus de cent ans. Ils le perdirent enfin au XIe. siècle, sur les réclamations de l'archevêque d'Auch en sa qualité d'héritier de l'ancienne métropole d'Eauze; mais ils l'avaient justifié par la juridiction qu'ils avaient exercée sans conteste, depuis Gombaud, sur les diocèses d'Agen, d'Oleron, d'Aire, de Lescar, de Dax et de Bayonne. En 1096, le pape Urbain II vint à Bazas, y consacra la cathédrale nouvellement rebâtie et y prêcha la première croisade; St.-Bernard y prêcha la seconde en 1153. Trente ans plus tard, un second concile y fut tenu contre l'hérésie des Henriciens, et vers le milieu du XIIIe. siècle, sous Henri III, l'évêque Gaillard de la Mothe excommunia les Anglais, sanctionnant ainsi par la force des armes spirituelles, les efforts que les Bazadais ne cessaient de faire pour secouer le joug des tyrans étrangers. Trois siècles s'écoulèrent; les Huguenots s'emparèrent de la ville et dévastèrent la cathédrale actuelle qui date de la première moitié du XIIIe. siècle; après les guerres de religion, elle fut réparée par les soins et aux frais de l'évêque Arnaud de Pontac à qui est dû l'établissement du séminaire (aujourd'hui collége). Ce dernier édifice fut achevé et le palais épiscopal restauré et aggrandi à la fin du XVIIe. siècle par Jacques Joseph de Gourgue. L'évêché de Bazas fut supprimé en 1792, et l'archevêque de Bordeaux porte aujourd'hui dans ses mains la crosse pastorale du métropolitain de la Gascogne unie à la double croix du primat de l'Aquitaine.

L'esquisse qui précède fait pressentir ce que doit être Bazas pour l'archéologue, une ville de souvenirs, une ville toute peuplée de monuments ou du moins de ruines. Parmi ces dernières, un grand nombre a même disparu de la surface du sol. Il n'y a plus à chercher celles du temple de Pallas, jadis situé au faubourg *Paillas* près le collége — celles de la tour du *cap de la Coste* et de la porte St.-Martin, toutes deux *romaines* et qui ont disparu depuis moins de cent ans — celles de l'église St.-Martial entièrement démolie en 1579 et remplacée par la promenade de la plate-forme plantée par J.-B. de Saint-Sauveur, dernier évêque — celles de l'église St.-Martin détruite pendant la révolution, et remplacée par une petite place et un passage qui communique avec la route royale — celles de l'ancienne maison des Templiers, démolie lors de la condamnation de l'Ordre, et dont les matériaux servirent en 1314 à la construction du couvent des Cordeliers — celles de ce couvent lui-même abattu presqu'en entier par le marteau révolutionnaire en 1793, et devenu alors une maison qui fut incendiée l'an dernier et à laquelle succède en ce moment une construction nouvelle (vis-à-vis le collége) — celles enfin des anciennes tours et des murailles de l'enceinte antique, dont on distinguait encore, il y a cinq ou six ans, quelques arrachements.

Le palais épiscopal lui-même, dont une aîle, l'ancien *Castera* de Bazas, était, suivant M. O'Reilly (p. 322), de construction *romane* et existait encore en 1840, a totalement disparu depuis trois ou quatre ans (1). On voit à sa place trois petites maisonnettes bien propres, carrées, à toits plats, dé-

(1) Il est permis de douter de cette vénérable antiquité, parce que l'auteur ne paraît pas s'être occupé d'archéologie, et que d'autres estimations proposées par lui nous paraissent forcées de plusieurs siècles. D'ailleurs, il semble impossible qu'une construction militaire d'une pareille époque eût échappé à l'intérêt de la Commission départementale. Je l'ai peut-être vue, mais à une époque où je ne m'occupais nullement d'archéologie, et il ne m'en est pas même resté un souvenir.

fendues par une grille de fer, et dont l'assemblage constitue la sous-préfecture. On peut juger de l'effet de ce petit hameau tout blanc, accollé pour ainsi dire aux majestueux portails de la cathédrale ! Le XIXe. siècle passe pour avoir de l'amour-propre ; ce n'est pas là du moins qu'il en a montré, et je ne puis m'empêcher de lui savoir gré d'avoir fait une place si humble à la puissance temporelle à côté de la maison de Dieu.

L'enceinte du moyen-âge, plusieurs fois endommagée ou détruite, puis restaurée ou rebâtie, existe encore presqu'en entier au Nord, à l'Est et au Sud ; les portes seules ont disparu, une exceptée. Deux maisons remarquables du XVIe. siècle subsistent, entières, sur la place dont tout le pourtour est de la même époque, et ont été *classées* par la commission départementale. Enfin, la brillante basilique de St.-Jean, défigurée seulement par un triste fronton du XVIIe. siècle, occupe le fond de la place et domine la ville entière.

On ne peut également parler que pour mémoire de la voie de Bordeaux à Jérusalem dont il reste des souvenirs traditionnels — des médailles antiques, des monnaies du moyen-âge, des mosaïques, tuiles parementées, poteries, urnes et tombeaux en marbre trouvés à diverses époques dans la ville ou près de son enceinte et nommément dans les cimetières de St.-Martial et des Capucins — d'une plaque de marbre blanc trouvée près de N. D. *dou Mercadil* et qui portait encore, au-dessous du *labarum*, ces mots : SIGNO VINCES. Tous ces monuments ont été enlevés de Bazas, portés à Bordeaux après la révolution, et je ne sache pas qu'aucun d'eux y ait été conservé.

Au demeurant, l'archéologue n'a plus rien pour lui, *dit-on*, dans cette antique cité, que ces trois choses, les vieilles murailles, la place avec ses arcades et ses deux maisons, et la cathédrale. Ce dernier monument a même, lui seul, fourni matière à quelques publications descriptives ou iconographiques.

J'ai montré ce qu'est Bazas aux yeux des diverses classes de voyageurs que j'ai, par la pensée, introduits dans ses murs. Chacune d'elles, à son point de vue, n'y voit et peut-être n'y peut voir que cela, parce que, dans le département même, on n'a pas accordé assez d'attention aux travaux que divers savants ont publiés sur cette intéressante localité, depuis le commencement de notre siècle.

Le vénérable M. Jouannet, qui doit être nommé le premier pour tout ce qui touche à la science dans les œuvres bordelaises contemporaines, a publié en 1821 un mémoire spécial sur la cathédrale de Bazas (Recueil académique, année 1821). Comme tout ce qu'on a écrit sur l'architecture du moyen-âge avant M. de Caumont, ce mémoire porte les marques de la confusion qui régnait dans les esprits au sujet de la chronologie comparée des monuments. Il ne pouvait en être autrement. Les lois n'avaient pas été étudiées sur une assez vaste échelle pour être reconnues avec certitude; moins encore les avait-on formulées; chacun, dans le petit nombre de ceux qui daignaient arrêter leurs regards sur nos vieilles basiliques, se formait des idées, se créait une nomenclature d'après ce qu'il avait vu par lui-même; et souvent une date rendue mensongère par la perte d'une autre date plus récente, portait à hausser de plusieurs degrés, dans l'échelle des siècles, la construction d'un monument. De là des erreurs, des renversements chronologiques qui nous paraîtraient monstrueux maintenant que nous sommes éclairés, si la justice ne nous forçait au souvenir de l'obscurité qui enveloppait alors cette belle branche de la science du passé. De là ces étranges classifications, auxquelles M. Jouannet ne put se soustraire, et qui attribuaient au siècle de Charlemagne et aux deux suivants les monuments des XIe. et XIIe., au

XIIe. ceux de l'ère ogivale proprement dite. Ces défauts, qui sont ceux de l'époque et non ceux de l'auteur, ne font que mieux ressortir le tact et l'esprit d'observation du savant antiquaire. C'est un bonheur pour moi qu'il honora de tant de bontés, de faire remarquer que déjà, dans ces *temps fabuleux* de la science archéologique, temps dont un quart de siècle nous sépare à peine, il savait distinguer, comme cachet de style et d'époque, l'ogive romane de celle de la période ogivale; il repoussa, pour la basilique Bazadaise, les dates trop reculées que l'époque de sa fondation aurait pu faire passer dans la tradition, et parmi celles des sacs dont elle fut la victime et des restaurations dont ils furent suivis, il sut choisir celles qui conviennent réellement à ses diverses parties. Nous aurons bientôt à nous occuper des détails qu'il donna sur la statuaire qui décore ses portails; mais ici nous n'avons à envisager que l'ensemble du mémoire, à faire remarquer combien le sentiment du beau, si sympathique à l'esprit et au cœur de M. Jouannet, le poussait fortement à admirer, à louer avec une sorte d'enthousiasme et à travers tous les préjugés de son époque, une architecture qui était si loin encore d'être comprise et appréciée. Il n'était pas seulement savant, il était poète; je le dis encore, il était artiste par le cœur, et on ne peut rien lire de mieux senti, de plus pur pour le style, de plus chaud pour le coloris, que la page qu'il consacra à la vue d'ensemble de la ville et de la cathédrale. On me pardonnera, j'en suis sûr: je ne puis résister au plaisir de la transcrire en regard de l'image fidèle des lieux qui l'inspirèrent (planche 1re); « Vu de l'ancienne route, entre des
« massifs de grands arbres, ce beau monument s'élève comme
« un cap grisâtre au-dessus d'un océan de verdure: mais pour
« le voir dans toute sa magnificence, il faut le contempler
« de l'humble coteau qui, devant la ville, borde la rive droite
« de la Beune. Cette longue nef, ses deux rangs de croisées

BAZAS

« gothiques, ses rampes en arcades qui donnent aux contre-
« forts un air de légèreté, ce haut clocher avec ses pyramides
« et sa flèche, le sanctuaire surtout, ce rond point dont
« les nombreux vitraux, tournés vers l'orient, réfléchissent
« avec tant d'éclat les premiers feux du jour ; le tout
« forme un ensemble imposant auquel les objets voisins
« donnent encore plus de prix : à gauche, s'élèvent l'épaisse
« muraille, les tourelles et les balustres de l'ancien évêché ;
« à droite, ce sont quelques maisonnettes, de blancs rochers,
« des remparts en ruine couronnés de feuillages; et au dessous,
« le vallon avec ses petits prés d'un vert sombre, ses saules,
« ses ormeaux, ses habitations rustiques. Il y a là un tableau
« enchanteur, digne d'exercer les pinceaux de nos meilleurs
« paysagistes (1). »

Près de vingt ans s'étaient écoulés, lorsqu'en 1840 parut un autre ouvrage plus étendu, puisque son plan embrasse tout le quatrième arrondissement de la préfecture de la Gironde (2). Le pieux et savant ecclésiastique à qui nous le devons est un de nos frères d'Irlande, un enfant de cette nation si malheureuse aujourd'hui et que tant de sympathies unissent à la France. A la manière dont il écrit notre langue, on sent combien est juste le titre de *Français d'outre-Manche* qu'ont reçu ses compatriotes. Curé d'une paroisse voisine de Bazas, ce fut, comme il le dit lui-même, avec un empressement *quasi-patriotique* qu'il s'inspira du désir manifesté par un illustre prélat à son entrée dans le diocèse. Mgr. Donnet avait demandé à ses prêtres de recueillir les souvenirs his-

(1) En 1837 et 1839, dans la *Statistique de la Gironde*, M. Jouannet n'a donné que quelques détails historiques sur Bazas, et quant à sa description de la cathédrale, elle n'est qu'un extrait de celle de 1821.

(2) *Essai sur l'histoire de la ville et de l'arrondissement de Bazas*, par M. l'abbé O'Reilly ; un vol. in-8°., imprimé à Bazas chez Labarrière.

toriques, épars dans les contrées qu'ils cultivent pour le ciel, et M. l'abbé O'Reilly répondit à son évêque en lui dédiant un livre excellent, une œuvre d'érudition, de conscience et de talent. Spécialement entrepris au point de vue de l'histoire, cet ouvrage contient peu de détails sur les monuments, et ces détails sont presque tous extraits des publications de M. Jouannet : mais l'ouvrage entier est comme une lampe dont on dirigerait la lumière sur un tableau caché dans l'ombre ; elle en éclaire tous les recoins, elle en fait ressortir tous les détails. C'est ainsi que l'auteur du livre, tour-à-tour érudit, annaliste, observateur, moraliste, critique éclairé, guide fidèle, appelle chacun de ses lecteurs sur le terrain des études spéciales auxquelles il s'adonne.

A mesure que les années s'accumulent, les travaux se pressent. La *Guienne monumentale* de M. Ducourneau publia, de 1842 à 1844, deux intéressantes notices historiques (1) : les détails architectoniques qu'on y lit sur la cathédrale sont extraits du mémoire de M. Jouannet. Ce même recueil publia en même temps sept planches in-4°. relatives à Bazas, et nommément, de très-élégants dessins de M. Lacour, correspondant de l'académie des Inscriptions, qui a relevé avec soin, au moyen d'échaffaudages mobiles,

---

(1) Je dois relever une phrase de la première de ces Notices (t. 1er. p. 63) : « Voici venir, » dit l'auteur qui ne se fait connaître par aucune initiale particulière, « voici venir les grotesques et la parodie ; « l'esprit du temps y aiguise sa pointe avec le burin ou le ciseau, et « Dieu sait s'il la fait acérée : une ironie sanglante et mutuelle com- « mence à monter aux lèvres de l'édifice. » La phrase est jolie, j'en conviens, mais je ne sais où l'auteur a vu des figures grotesques ou satiriques dans la cathédrale de Bazas ; je n'en ai, pour ma part, pas vu une seule, et je ne sache pas qu'on en ait cité : quelques *démons* seulement sont grimaçants, et il y en a peu. Il n'y a point non plus d'obscénités : nous ne sommes plus au XIIe. et nous ne sommes pas encore au XVe.

les nombreux détails des statuettes qui décorent les portails de la cathédrale. Les trois planches du zodiaque sont sans texte dans la *Guienne monumentale*, mais elles sont expliquées, ainsi que les tympans et les voussures, dans deux mémoires séparés (Recueil intitulé *La Gironde*) dont M. Lacour est l'auteur. Il est à regretter qu'un talent d'exécution si pur ne soit pas aussi utile qu'il devrait l'être à la science archéologique ; les travaux de M. Lacour doivent être consultés avec défiance. Considéré comme artiste, il appartient à cette école justement réprouvée aujourd'hui, qui veut à tout prix la beauté *grecque*, qui se croit obligée à introduire celle-ci là où le sculpteur ne l'a pas mise, et qui, fidèle à compter tous les plis d'un vêtement, à accuser toutes les traces d'un accessoire brisé, dénature pourtant la physionomie propre des statues qu'elle reproduit. Le dessinateur a beau dire qu'entre ses mains habiles *le cuivre devient or*, qu'on serait mal venu à se plaindre quand, au prix de quelques linéamens déviés, une figure informe et raide se métamorphose en Vénus, tous ces archaïsmes de crayon ne font pas le compte de l'archéologue : il lui faut le vrai, l'exact, sans quoi il perd à la fois tous les éléments d'étude et d'appréciation. Somme toute, les jolis dessins de M. Lacour ne sont pas fidèles.

Un travail neuf et d'un tout autre genre a été publié en 1845 par notre collègue M. Lamarque de Plaisance, correspondant de la commission départementale. C'est le recueil des *Usages et des Chansons populaires du Bazadais* pour les baptêmes, noces, enterrements, moissons et vendanges. Homme d'esprit et de goût, l'auteur a disposé ces petits matériaux avec grâce, et leur a assuré une place dans l'histoire du pays qui lui a donné le jour.

Enfin, en 1845 ont paru aussi les *Types de l'architecture au moyen-âge dans la Gironde*, par MM. Léonce de Lamothe, secrétaire de la Commission départementale, pour le texte, et Léo Drouyn, pour les dessins. Bazas y figure pour une bonne description de son église cathédrale, description semblable à celle de M. Jouannet pour les sculptures de la porte centrale, plus complète, mais cependant fautive en quelques points pour la Porte Nord, comme nous l'établirons tout-à-l'heure. Quant à celle de la porte Sud, M. de Lamothe n'y a pas reproduit ce qu'avait déjà dit M. Jouannet relativement au zodiaque, mais il a donné des explications très-justes des sujets de la deuxième voussure. Nous complèterons celles qu'il donne sur la troisième, en discutant l'ensemble des descriptions publiées jusqu'ici et les interprétations proposées par MM. Lacour et Jouannet. L'article de M. de Lamothe accompagne un grand dessin des portails, par M. Drouyn, qui avait déjà montré la riche basilique, à l'exposition bordelaise de 1844, sous l'élégante et rigoureuse forme d'un *fusain* tel que peu d'artistes peut-être sont capables d'en produire ; ce dessin a encore été réduit dans une autre publication (*la Gironde*).

Voilà des travaux bien variés ; tous ont de l'importance ; plusieurs sont de nature à éveiller l'intérêt des hommes studieux, à piquer leur curiosité, à exciter de nouvelles études : et pourtant Bazas est resté peu connu, très-peu connu : nous disons vrai en l'affirmant. Vous en conviendrez bientôt, cher lecteur, car nous venons à vous, M. Drouyn et moi, les bras chargés d'une riche glanure que nos devanciers nous ont abandonnée. N'allez pas cependant nous attribuer la prétention de ne rien laisser après nous. Malgré, ou plutôt à cause des révolutions multipliées de notre patrie, ce n'est pas de si tôt qu'une cité gauloise, gallo-romaine, aquitanique, aura dit son dernier mot à l'archéologue, à l'historien, au paléographe, au littérateur ; et située comme l'est Bazas, jamais elle ne le dira à l'artiste. Nous y avons travaillé quelques jours ; allez-y après nous, ajoutez quelques pierres à celles que nous avons placées près des travaux antérieurs : nous n'avons ni tout vu ni tout dit, bien certainement. Allez-y, après avoir jeté les yeux sur les dessins que nous vous rapportons de notre dernière exploration, et m'avoir laissé dire les résultats de nos études communes.

Mais, hélas ! que les lots des deux auteurs sont différents ! Celui qui écrit ces lignes n'a qu'un noir et triste alphabet à sa disposition, pour vous peindre la beauté de ce qu'il a vu, le charme et l'intérêt de ce qu'il a étudié : il lui faut contrister vos oreilles par des mots durs, secs, techniques, par des discussions arides et des répétitions monotones. Oh ! combien il vous paraîtra plus aimable celui qui vient à vous avec des dessins instructifs sans fatigue et qui disent, à eux seuls, presque tout ce que les yeux et l'imagination veulent savoir ! Cependant, ils restent impuissants à exprimer certains détails et surtout ces conclusions de la science et de l'art que le scalpel de l'étude, austère anatomiste, peut seul dévoiler. Je fais donc trêve à des regrets qui ressemblent trop à de la jalousie, et me contentant de la part qui m'est dévolue, je vais parler un peu d'affaires.

§ 1. Enceinte murale de Bazas.

Notre planche 1re., représentant le flanc méridional de la ville vu des côteaux de la rive droite du Beuve, a montré le parcours des murs de ce côté ; à demi caché par les arbres, il était inutile, au point de vue archéologique, de le représenter avec plus de détails. Ce sont des murailles du XVe. ou du XVIe. siècle, dont les nombreuses dégradations ont été réparées ou remplacées par des constructions récentes. Le coin S. E. de la terrasse de l'évêché a conservé une lourde et massive échauguette à base tailladée en retraits, et qui fait un excellent effet quand on l'entrevoit, des *allées de Tournon* qui sont à ses pieds, presque perdue dans le feuillage. Cette belle promenade longe la base des murs dont deux rampes rapides franchissent l'escarpement et conduisent dans l'intérieur de la ville : l'une d'elles aboutit à *la Brèche*, passage ainsi nommé de l'entrée que se firent les Huguenots pour pénétrer dans la place, pendant la nuit de Noël de l'année 1561. Il n'y a pas de portes de ce côté ; il ne devait pas y en avoir : l'escarpement des rochers défendait la ville, et la porte St.-Martin qui formait sa sortie S. O. près du ruisseau, a été entièrement démolie dans le siècle dernier. La place de cette porte est occupée par la route de Bayonne, et c'est de là que partent les allées de Tournon qui vont rejoindre la route d'Auch à l'angle E. de la ville. En suivant ce parcours, on a à droite le vallon du Beuve décrit par M. Jouannet, figuré par M. Drouyn ; à gauche les murs dont les ondulations rampent, comme le corps d'un serpent, sur la crête des rochers. Au-dessus des murs, des terrasses et des restes de tours, apparaissent les maisons, semblables à des chèvres capricieuses, groupées irrégulièrement et formant l'ensemble le plus pittoresque. L'abside de la cathédrale s'avance obliquement jusqu'au bord de l'escarpement ; sentinelle auguste qui semble toujours garder la ville et l'empreint de sa majesté, elle excita la rage des dévastateurs de tous les siècles, et c'est au plus près d'elle que ceux du XVIe. escaladèrent les murs pour arriver plus vite à la frapper.

La porte *Taillade*, qui n'existe plus, fermait la ville à sa pointe orientale d'où part la route d'Auch, entre deux rangs de peupliers magnifiques, pour se perdre dans les vallons réunis du Beuve et de St.-Vincent. Une tradition populaire, abusant du nom tout moderne de cette porte, veut que les soldats de Crassus aient pénétré par là dans

Nº 11

Bazan

PORTE GISQUET

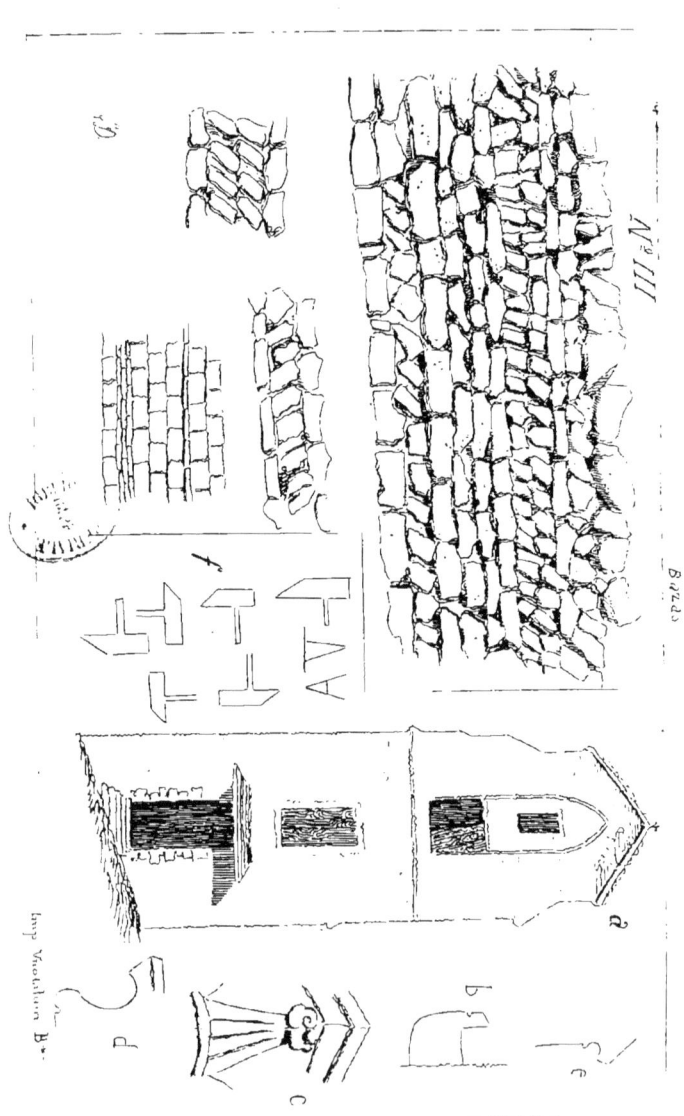

l'enceinte gauloise ; mais ils durent entrer par la *Targue*, au côté opposé de la ville, là où l'accès en était moins défendu par la nature (O'Reilly, p. 28, 29).

En tournant la pointe E., on commence à longer la face N. des murailles, et l'on arrive ainsi à rejoindre la grande route de Bordeaux à l'angle N. O. de la ville, derrière l'hôtel de la *Corne verte*, là où l'on reconnaissait encore, il y a peu d'années, quelques traces d'une tour romaine. Notre planche II montre la partie moyenne et la plus pittoresque de cette longue ligne d'enceinte qui regarde le nord, et dont les deux extrémités se relèvent gracieusement. A droite du dessin, un escarpement herbeux se termine à la porte *Gisquet* dont l'arc surbaissé, cachant des coulisses de herses et caché lui-même entre deux grosses tours sans caractère, dont la base est en talus, nous semble accuser tout simplement le XVe. ou le XVIe. siècles. M. O'Reilly, reconnaissant à la nouveauté de la maçonnerie, la partie renversée en 1577 par les Calvinistes, fait remonter le reste de cet ensemble à l'époque du soulèvement des Bazadais contre les Normands. Rien ne nous paraît justifier, tant s'en faut, une date aussi reculée pour la porte Gisquet, pour l'intérieur des bâtiments qui la composent et pour les parties de murs qui l'avoisinent. Mais en avançant de quelques dixaines de mètres vers la gauche du dessin, lorsque les maisons ont cessé de couronner le mur qui surmonte le talus, on voit parfaitement quelques parties de ce mur disposées en *opus spicatum* grossier, entremêlé de cordons de briques (Pl. III), et c'est là certainement du *roman primitif*, postérieur à la période gallo-romaine, antérieur au Xe. siècle. Nous avons cru devoir donner un spécimen de ces vénérables restes qui, nous le craignons, ne subsisteront pas long-temps, car un simple mur de terrassement comme celui-là, cède bien facilement, une fois ébranlé, à l'effort des terres après les pluies et les dégels ; et c'est ainsi que, réparé après chaque éboulement partiel, ce long mur en est venu à ne plus offrir que quelques plaques de sa maçonnerie primitive. Les briques des cordons ne sont pas, en général, beaucoup plus épaisses que nos briques modernes.

M. Jouannet paraît n'avoir pas connu ces restes du mur ancien, car après avoir dit que Bazas ne renferme rien aujourd'hui qui dépose de sa haute antiquité, il ajoute que du vivant de l'archidiacre Dupuy qui écrivait au XVIIe. siècle, « il existait encore, près de la porte qu'il appelle *Deroux* » (porte *Bragoux* dont il ne reste plus que la base d'une des tours qui la défendaient), « quelques portions des murs de « l'antique cité, revêtues de petites pierres carrées, séparées « de distance en distance par des lignes de niveau en bri-« ques » (*Statistique de la Gironde*, t. 1, p. 234). L'appareil décrit par l'auteur des *Chroniques* de Bazas me fait croire qu'il parle des restes du mur dont nous voyons encore quelques fragments, bien que les pierres séparées par les cordons de briques ne soient pas régulières et *carrées*, mais disposées confusément en *arête de poisson*.

Entre le vieux mur et la porte *Gisquet*, s'élève un alignement de maisons de diverses époques, aussi remarquables sous le rapport de leur silhouette générale que par l'aspect singulier qu'offrent ces balcons en bois, en pierre, en fer, qu'on voit dans le dessin. Une autre particularité du mur mérite d'être signalée. Des quatre contreforts très-saillants qui le soutiennent et qui paraissent du XVe. siècle, les deux extrêmes sont carrés, les deux médians cylindriques, et le plus à gauche de ces deux derniers est creux : c'est un puits, et on en voit un autre semblable un peu avant la porte, à droite du dessin.

L'enceinte murale de Bazas a été *classée* dans la seconde catégorie par la Commission départementale. Peut-être serait-il bon de recommander particulièrement aux autorités locales *la vieille partie* du mur nord.

Les dessins n°ˢ. I et II, ainsi que les détails que j'ai donnés sur le parcours des murailles de la ville, suffisent à faire voir qu'elle n'est nullement placée dans un fond comme le voyageur avait dû se l'imaginer en descendant des plateaux vers la ville. Bien au contraire, Bazas est situé dans une position telle qu'il ne faut jamais (dans un pays accidenté) chercher ailleurs l'emplacement d'un *oppidum* gaulois, je veux dire *à l'extrémité d'un promontoire plus ou moins abrupte de trois côtés, et lié seulement par le quatrième à des coteaux plus élevés que lui*. Ici, l'isthme qui lie le promontoire au coteau, c'est l'entrée de la route de Bordeaux dans la ville, l'ancien faubourg Paillas, en un mot le collége actuel et ses environs où se trouvaient les traces de tours romaines. Si l'on supprime par la pensée les coupures et les nivellements qu'il a fallu faire pour entourer les côtés N., E. et S. du promontoire par cette large et belle ceinture de grandes routes et de promenades qui longe les murs, on verra ceux-ci élevés au sommet d'un escarpement continu de 10 à 20 mètres de haut, qui commence et finit à l'O. (grande route de Bordeaux à Bayonne) et dont le parcours trace un triangle dont la pointe est à l'E. Les anciens murs dont la ville etait close du côté de la Targue (à l'O. de la grande route) depuis le faubourg Paillas jusqu'au quartier Fondespan voisin de la porte Saint-Martin (au S. O. de la ville), furent détruits par les Normands au IXe. siècle, et je ne trouve pas de détails sur leurs reconstructions postérieures.

§ II. Grande place.

Elle paraît avoir reçu sa décoration actuelle (arcades ogivales, larges et basses) au XVIe. siècle. Quelques arcades ont été refaites en plein cintre, et il est au moins probable qu'elles ont toutes été retouchées, car il serait difficile de trouver deux maisons contiguës où elles soient absolument semblables. Il en est de même des voûtes qui supportent le premier étage des maisons elles-mêmes. Presque toutes laissent voir des traces de leurs ouvertures primitives ; quelques-unes ont encore des créneaux, comme on le voit dans notre planche V. Deux d'entr'elles ont été classées dans la deuxième catégorie des monuments civils par la Commission départementale ; elles appartiennent à la période encore ogivale du XVIe., qui a précédé immédiatement la renaissance. Nous avons cru devoir les figurer à cause de leur complète conservation. Celle de M. d'Andrault (pl. IV) offre une façade régulière et très-simple, couronnée par un fronton taillé en gradins. Les fenêtres des premier et second étages sont surmontées d'un fronton ogival à contrecourbure, accompagné de pinacles. Dans trois de leurs tympans on voit, au 2e. étage un buste grotesque, au 1er. la lune, les étoiles et une comète à gauche, et le soleil à droite.

La maison de M. Pierron (Pl. V) est beaucoup plus compliquée et plus curieuse. Elle forme le coin de la place et d'une rue, et l'angle vif était jadis un meneau qui séparait les deux panneaux d'une même fenêtre ; disposition qu'on retrouve fréquemment employée dans le reste de la ville, et qui transformait de tels appartements en véritables belvédères. Le linteau droit des fenêtres du second étage est orné d'une gracieuse arcature à ogives et trèfles d'une complication extrême ; au premier étage, il est couronné d'un arc à contrecourbure, dont le tympan porte des sculptures. Les corniches d'appui ont des têtes saillantes et grimaçantes aux angles ; et dans la place la plus apparente, on remarque un singe mâle dont la posture est encore plus impertinente que grotesque.

MAISON DE Mr ANDRAULT

MAISON DE Mr PIERRON

Admis avec une parfaite obligeance dans l'intérieur de cette maison, nous y avons trouvé, entièrement respectée, toute sa distribution primitive. La cage de l'escalier est ornée d'une charmante rampe en bois de chêne devenu noir et luisant comme l'ébène, revenant à angles droits sur elle-même, et dont les barreaux tournés et grêles forment une balustrade très-élégante. Nous y avons vu aussi une grande et belle cheminée en bois de châtaignier (tirant sur le brun-rouge) chargée de sculptures (feuilles, fleurs, fruits et deux amours qui s'embrassent); elle nous a paru appartenir au commencement du XVIIe. siècle et mériter d'être brièvement mentionnée.

§ III. Eglise Notre-Dame dou Mercadil.

Ce sanctuaire, si vénérable par son antiquité, puisque sa fondation primitive remonte à St.-Martial, n'offre, lorsqu'on le voit de la grande place, qu'une nef haute et étroite, terminée à l'orient par une abside semi-hexagone, et tout cela porte les caractères de l'architecture la plus simple et la plus mesquine du XVIe. siècle. C'est pour cette raison sans doute qu'un monument si curieux a pour ainsi dire échappé à tous les regards. M. Jouannet et la *Guienne monumentale* n'en disent pas un mot; la Commission départementale ne l'a pas classé, et il devrait l'être dans la *première catégorie*. M. l'abbé O'Reilly ne parle de cette église que pour dire qu'elle n'a plus rien aujourd'hui qui fasse connaître l'époque de sa construction. Il voit seulement sur le côté méridional des corbeaux qui sont peut-être, ajoute-t-il, « une imitation « de l'architecture Carlovingienne » (p. 321, 322). C'est une circonstance fort curieuse que cette appréciation d'un auteur qui ne s'est pas occupé d'archéologie et qui caractérise par là, d'un seul mot, l'aspect de ce singulier monument; mais il ne faut pas oublier, pour en juger ainsi, que le mot *carlovingienne*, emprunté au mémoire de 1821 de M. Jouannet, désigne en réalité les monuments des XI⁰. et XII⁰. siècles. En effet, nous avons affaire ici à un édifice de la première et de la plus pure époque ogivale, quant aux formes, et dont l'ornementation est presqu'entièrement *romane;* nous rendrons évidente cette bizarre alliance. Ailleurs (p. 23), en déplorant la profanation des édifices sacrés et notamment de cette église devenue l'habitation de plusieurs familles et le grenier d'un boulanger, M. O'Reilly s'afflige de ce qu'elle est restée debout au lieu de disparaître entièrement comme Saint-Martial et Saint-Martin, après avoir cessé de retentir des louanges du Très-Haut et de sa divine Mère. Je me permets, moi, de ne point partager les regrets du pieux auteur. Qu'un pontife auguste y rentre, la mitre en tête, la crosse en main ; qu'il y répande l'eau sainte ; qu'il y replace les ossements des martyrs et des confesseurs ; qu'il immole ensuite l'Agneau sans tache sur l'autel relevé ! Une profanation réparée vaut mieux qu'une profanation ensevelie dans l'oubli des siècles. Mais pour cela il y a quelque chose à faire, et la Commission départementale se trouve placée de manière à revendiquer pour elle-même l'honneur de provoquer cette réparation. Espérons qu'elle s'y emploiera de son mieux ; la chose en vaut la peine, cela est évident, *à priori*, pour tout catholique ; c'est à nous de prouver aux archéologues, par les dessins et la description, que l'intérêt de la science réclame aussi des efforts de leur part, et quelques sacrifices pécuniaires de la part de l'autorité.

N. D. *dou Mercadil* (du *petit marché*) fondée par saint Martial sur une éminence presqu'égale à celle qui porte la cathédrale, fut détruite par les Normands en 853 ; Gombaud, évêque-duc de Bazas, la fit rebâtir à la fin du X⁰. siècle. Détruite de nouveau à une époque qui nous reste inconnue, elle fut reconstruite (le monument suffit à l'attester) vers le

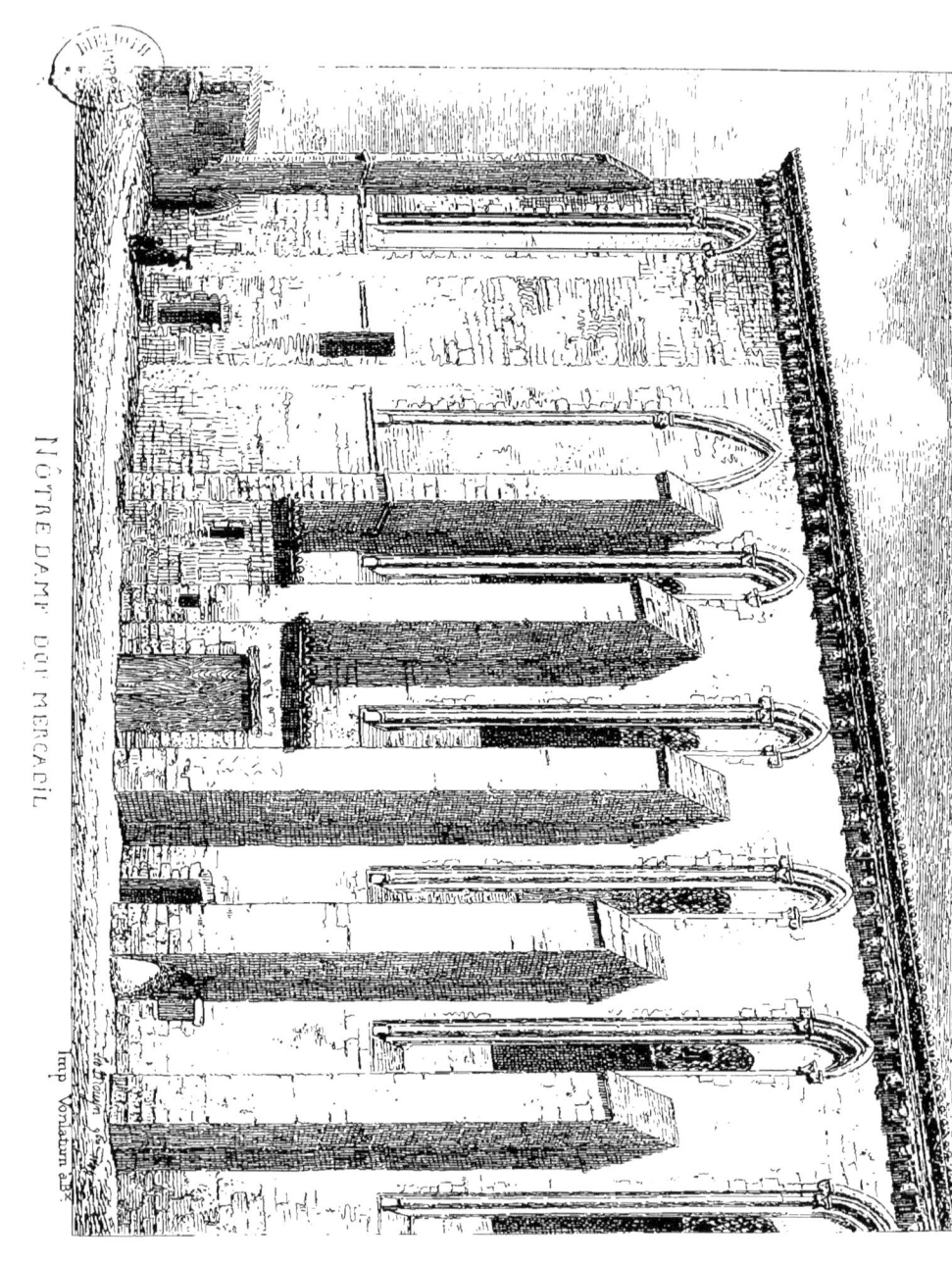

NÔTRE DAME DOU MERCADIL.

commencement du XIIIᵉ. Pour la troisième fois, les protestants le détruisirent en entier, sauf le mur méridional et une partie du mur septentrional, en 1577. A la fin du même siècle elle fut enfin mise, en conservant les parties restées debout, dans l'état où elle se trouve maintenant à l'extérieur. Dévastée et vendue comme bien national en 1793, sa nef sans bas-côtés a été coupée à l'intérieur par trois étages de planchers et par de nombreuses cloisons. Nous n'avons aperçu aucun reste de clocher.

Pour se douter de sa valeur monumentale, il faut comme nous être guidé par un hazard heureux, quitter la grande place et tourner autour de l'édifice. Là, dans une étroite ruelle, et en regardant à peu de chose près le zénith, on se trouve en face d'une rangée de six lancettes simples, d'une admirable beauté, hautes de 9 mètres, larges d'un mètre cinquante centimètres, si l'on tient compte des colonnettes extérieures, et seulement de cinquante centimètres (tout au plus) si on n'a égard qu'à l'ouverture proprement dite de la baie (Pl. VI). La colonnette qui sert de pied-droit de chaque côté de la fenêtre est absolument torique, sans aucun filet tranchant ni baguette plate (1). Son chapiteau carré et excessivement petit se lie à l'imposte et à la retombée ; il est orné soit de quatre crochets de la forme habituelle au XIIIᵉ. (Pl. III. fig. *c*), soit de têtes coupées, *mortes*, d'aspect absolument *roman*, et ces deux genres d'ornements sont irrégulièrement mêlés. Le tympan est très-court ; l'archivolte ogivale-obtuse est composée d'un gros tore et de trois petits, séparés par trois gorges profondes. Immédiatement au-dessus des lancettes est une corniche très-endommagée, formée d'un larmier profondément excavé (Pl. III. fig. *d*), et sup-

---

(1) Ces caractères, s'ils existaient, emporteraient les dates incontestables de la seconde moitié du XIIIᵉ. et de tout le XIVᵉ.

portée par une cinquantaine de modillons très-rapprochés, d'aspect purement *roman* (têtes humaines *mortes* à expression naturelle, têtes humaines *vivantes* et grimaçantes, quelques têtes d'animaux, quelques têtes monstrueuses à longues dents, quelques obscénités à corps entier).

Telle est l'ordonnance générale de cette élégante construction ; mais il y a des particularités et des accidents qu'il faut noter. La longueur de la nef comprenait l'espace nécessaire à *huit* lancettes égales et également espacées. Les cinq premières, à partir de l'orient, sont conservées dans toute leur intégrité. La sixième et la septième ont été remplacées par une grande et large fenêtre ogivale du XIVe. siècle, maintenant bouchée, à tympan beaucoup plus aigu et plus long, partant de plus bas que les lancettes, bordée d'une gorge et d'une colonnette torique copiée sur celles des lancettes, mais dont le chapiteau, petit comme le leur, est orné de *deux rangs* de feuillages : cette fenêtre a à peu près huit mètres de haut. La sixième lancette, voisine de l'angle S. O. du mur (et qui devrait être la huitième de l'ordonnance primitive), est copiée sur les cinq premières quant à son galbe ; mais son ornementation est du XIVe. comme celle de la grande fenêtre (chapiteaux à deux rangs de bouquets ; retombées de l'archivolte formées par des animaux fort endommagés, accroupis la tête en bas).

Les trois premières lancettes qui suivent la grande fenêtre (en allant vers l'abside) ne sont pas ornementées absolument comme les deux dernières. Les trois premières n'ont pour pied-droit que la colonnette torique entre deux larges gorges ; dans les deux dernières la colonnette se détache sur deux angles de pilastres accompagnés d'une gorge étroite au côté externe.

Partout, le chapiteau et la retombée ont le même genre d'ornementation : ce sont toujours, comme je l'ai dit, des crochets et des têtes, mais celles-ci sont plus nombreuses que ceux-là. Les têtes me paraissent *mortes,* c'est-à-dire que leurs yeux me semblent tous fermés : je ne saurais pourtant l'affirmer, on est trop mal placé pour voir distinctement. Elles sont inégales, et quelques-unes très-élargies, à joues bouffies.

Je reprends le détail de l'ornementation des cinq lancettes contiguës, en allant de l'O. à l'E. :

N°. 1. A gauche, une tête à la retombée; chapiteau à crochets.
   A droite, quatre têtes en tout, pour la retombée et le chapiteau.
2. A gauche, une tête barbue à la retombée.
   A droite, retombée unie ou entièrement fruste.
   Les deux chapiteaux sont à crochets.
3. A gauche, deux têtes à la retombée; quatre têtes, dont trois très-petites, au chapiteau.
   A droite, quatre têtes en tout, très-bien conservées, égales, pour la retombée et le chapiteau.
4. Les deux chapiteaux à crochets; les deux retombées frustes.
5. Les deux retombées ornées chacune d'une tête; les deux chapiteaux à crochets : celui de gauche est soutenu par deux feuilles qui ressemblent à des feuilles de vigne.

La nef a environ 14 mètres de haut jusqu'à la corniche. Elle est soutenue, entre chaque lancette, par un contrefort simple et sans aucun retrait, dallé en biseau avec larmier. Ces contreforts, inégaux en hauteur, comme on le voit dans le dessin N°. VI, sont extrêmement laids et ont toute l'apparence de ceux du XV°. siècle dans les églises rurales : cependant, en examinant la parfaite similitude de leur appareil et sa pénétration dans les murs, en les comparant surtout avec ceux, tout pareils, qui soutiennent l'abside de la cathédrale, il est impossible de nier qu'ils soient du temps de l'édifice, c'est-à-dire du XIIIe. siècle pour les quatre qui séparent l'abside de la cinquième lancette. Celui qui vient ensuite, dont le biseau dallé est beaucoup plus incliné, et qui borde, à l'E., la grande fenêtre du XIVe., doit être non pas *fait*, mais restauré du temps de cette fenêtre, ainsi que les deux suivants qui ont été coupés au rez du mur, et celui de même forme qui termine la rangée en s'appuyant contre l'angle, mais sans empâter celui-ci. En effet, un cordon à larmier (Pl. III, fig. *e*) reliait ces quatre derniers contreforts en les embrassant vers la moitié de leur hauteur, et servait d'appui aux fenêtres du XIVe. : on trouve aussi, sur le nu du mur de cette partie, quelques restes de corbeaux arrondis par en bas (Pl. III. fig. *b*). On ne voit aucune trace de cordon sur les quatre contreforts primitifs, dont la largeur varie de 0 m. 75 c. à 1 m. 05 c., et dont la saillie, égale pour tous, est de 1 m. 25 c. Dans le plan *primitif*, le côté méridional avait donc huit lancettes alternant avec sept contreforts, peut-être avec huit s'il faut y compter le contrefort terminal (?).

A l'orient de la première lancette commence l'abside semi-hexagone du XVIe. siècle : on en reconnaît la date récente aux trois contreforts qui empâtent ses angles et qui, *exactement* copiés sur les quatre contreforts *primitifs*, s'en distinguent par la fraîcheur beaucoup plus grande de leur appareil.

Avant de quitter le flanc méridional de l'église, notons une observation importante et qui est due à M. Léo Drouyn. Les contreforts *primitifs* présentent beaucoup de pierres empreintes de marques de tâcherons : ce sont uniquement des marteaux de même forme, plus ou moins grands et tournés diversement (Pl. III, fig. *f*). On n'en voit pas au-dessus du larmier. Le contrefort qui borde à l'E. la grande fenêtre du XIVe. a aussi des marques de ce genre, marteau et triangles posés diversement : ceci prouve que ce contrefort faisait partie du plan primitif et qu'il n'a été que restauré, comme je l'ai dit plus haut. Une petite porte ogivale du XIIIe., appartenant par conséquent au plan primitif, vient encore confirmer cette preuve. Elle est située entre le contrefort du coin et la lancette ornementée au XIVe. (voir au côté gauche du dessin n°. VI), et conduit au bas de la nef en descendant plusieurs marches. Un biseau, un filet et un tore composent, à l'extérieur, son archivolte; à l'intérieur, elle est ornée de deux chapiteaux à un seul rang de feuilles de chêne. On y voit aussi les deux trous, dont l'un profond de près d'un mètre et demi, dans lesquels on faisait entrer et glisser la barre de bois qu'on nommait *sarrazine* et qui servait à barricader la porte.

Le côté N. de l'église, qu'on ne peut voir que de la grande place, ne présente plus que des ouvertures du XVIe., et les badigeons successifs masquent sa construction ; cependant il est certain que, partiellement du moins, il avait survécu au sac de 1577, car les modillons de forme *romane* règnent encore le long de sa toiture dans une bonne partie de son étendue.

La façade occidentale, sur la place *dou Mercadil* (Pl. III, fig. *a*), est fort laide, difforme, et n'offre qu'une grande fenêtre du XIIIe. ou du XIVe., sans ornements, et d'autres ouvertures du XVIe., le tout bouché ou refait.

A l'intérieur de l'église, il n'y a plus rien de visible, si ce n'est qu'en montant par les escaliers de bois qui communiquent d'un plancher à l'autre, on aperçoit dans les angles un faisceau de trois colonnettes du XIIIe., s'élevant du sol au sommet des murs, celle du milieu double en grosseur : je dis du XIIIe., parce que la grosse colonnette ne porte pas de baguette appliquée. Nous n'avons pu voir aucun chapiteau, parce que toute la voûte de cette belle nef a été remplacée (ou *masquée*, nous n'avons pu savoir lequel des deux) par un lambris très-soigné qui porte la date du XVIIe. siècle. On voit aussi, à l'intérieur des murs de la nef, une grosse saillie ronde comme une colonne demi-engagée, et qui répond à une dépression semi-circulaire de l'extérieur : c'était quelque tourillon contenant un escalier ou supportant un campanille. — M. Drouyn y a trouvé aussi un petit médaillon sculpté, portant au centre deux B entrelacés, entouré des mots *Sancto Bertrando dicata*, 1636.

§ IV. Cathédrale de Bazas.

Elle est classée dans la première catégorie des Tableaux de la Commission départementale.

Si l'on en croit les chroniques du pays, l'église de Bazas aurait été fondée dès le premier siècle. St.-Grégoire de Tours rapporte que, d'après une ancienne tradition locale, une dame Bazadaise aurait été à Jérusalem au temps où N. S. vivait, en aurait rapporté un linge trempé dans le sang de St.-Jean-Baptiste, et aurait déposé cette précieuse relique dans une chapelle élevée à ses frais et qui serait devenue ainsi l'origine première de la cathédrale. Quoi qu'il en soit de cette tradition, on rapporte communément la fondation de la basilique primitive au IVe. ou au Ve. siècle ; mais elle doit, ce me semble, remonter au moins au IIIe., parce que saint Martial fit alors bâtir l'église N. D. *dou Mercadil*, et puisqu'il n'en fit pas l'église principale, c'est nécessairement parce qu'il fonda une autre cathédrale ou parce qu'il en existait déjà une. Ce raisonnement tire sa force de ce que, dans les temps anciens, on ne déplaçait jamais l'autel *primitif* d'une cité (M. l'abbé Bourassé, *Archéologie chrétienne*, passim) ; et puisque l'église St.-Jean était cathédrale au Ve. siècle, il reste prouvé qu'elle l'avait toujours été. En outre, des documens authentiques parlent d'une église de Bazas, en forme de croix latine, ayant trois autels en l'honneur de St.-Jean, St.-Pierre et St.-Etienne, et la chronique en rapporte l'établissement à la pieuse dame qui avait rapporté la relique de St.-Jean (O'Reilly, p. 154); il est permis de présumer que cette église était la basilique primitive.

Quant à la relique elle-même, et sans se prononcer sur la tradition relative à son origine et à son histoire, le pape Urbain II la déclara authentique à son passage à Bazas en 1096, et déjà, depuis un temps alors immémorial, on y célébrait la fête de sa translation. Les armoiries de la ville sont une expression évidente de la croyance générale des Bazadais au sujet de cette relique, puisqu'elles placent la cité sous la protection du Saint, patron de la cathédrale. Elles sont *de gueules à une décollation de St.-Jean-Baptiste, représenté à genoux devant la porte d'une prison, tendant le cou au bourreau contourné qui a le bras levé pour le décoller avec son coutelas ; le tout d'or et surmonté d'une couronne ducale* (en mémoire de l'évêque-duc Gombaud).

La cathédrale St.-Jean dut nécessairement avoir à souffrir lors des diverses invasions des Barbares Ariens; cependant, je ne trouve aucune preuve d'une destruction complète ou presque complète avant la conquête passagère des Normands au IXe. siècle ; elle fut alors rasée. Au Xe. Gombaud la rétablit ou plutôt en continua le rétablissement qui fut achevé de 1070 à 1080, par Raymond II dit *le Jeune*. Ce dernier évêque mourut en 1084 sans avoir la consolation de consacrer sa nouvelle église ; la consécration en fut faite douze ans plus tard, sous l'épiscopat d'Etienne de Sentes, par le pape Urbain II. Au XIIIe. siècle (1233), et sans qu'on ait lieu de penser que l'église ait été ruinée de nouveau, elle fut agrandie ou plutôt reconstruite dans la forme que nous lui voyons aujourd'hui, par l'évêque Arnaud de Pins ou Des Pins. En effet, il ne reste plus de l'édifice de Raymond II que les piliers de la nef à partir de la sixième paire ; et tout le reste de la nef, l'abside et les bas-côtés portent le caractère du XIIIe. siècle. Les voûtes des bas-côtés sont du XIIIe., mais achevées ou restaurées en 1598 et 1599. Celle de la nef fut refaite ou réparée à partir du XVe. et après les guerres de religion. Le décor extérieur fut terminé seulement au XVIIe. (1635) au moyen des fonds légués à cet effet par l'évêque Arnaud de Pontac.

Tous les auteurs assignent avec raison, à la cathédrale de Bazas, un des premiers rangs parmi les monuments ogivaux du midi, et, à ce titre, elle mériterait assurément qu'on lui consacrât un travail monographique. Il n'en a été publié aucun, et notre intention n'est pas de chercher à combler cette lacune. J'ai voulu seulement, avant d'en venir aux détails qui font l'objet spécial de notre travail, réunir les dates éparses des divers changements que cette église a subis, et les présenter de manière à faire pressentir quelles époques architecturales on y trouvera représentées. Les notices peu détaillées qui ont été publiées jusqu'à ce jour sur l'ensemble de l'édifice, et qui sont la reproduction ou l'extension de celle de M. Jouannet, suffisent d'ailleurs à donner une idée provisoire du monument.

1. *Tourillons des transepts.*

Notre planche VII montre les petits pinacles simples et *inélégans* dont furent surmontés, en 1635, les contreforts qui soutiennent les collatéraux et vont rejoindre le grand comble au moyen d'arcs rampants. Des pinacles semblables sont placés tout autour de l'abside. Parmi les contreforts dont deux se voient sur le dessin, il en est qui sont du XIIIe. et

Nº VII BAZAS

TOURELLE DU TRANSEPT DE LA CATHÉDRALE

M. Drouyn a retrouvé sur l'un d'eux une marque de tâcheron (marteau) : ils sont formés d'un massif de moëllons, et n'ont de pierres de taille qu'à leur face extérieure et à leur pénétration dans le mur. Ceux de la restauration du XVIIe. siècle, dont quelques-uns portent encore leur date, sont tout en pierres de taille.

L'élégante construction qui occupe le milieu du dessin est une chapelle formant transept (à l'extérieur) et qui, ainsi que sa correspondante sur le flanc méridional de l'église, paraîtrait avoir été ajoutée au XVe. ou peut-être au XVIe. siècle, lorsque furent élevés les quatre contreforts de la façade occidentale (1537); mais si cette supposition est vraie, on aurait alors copié fort exactement, dans la fenêtre qui est en face, le style comme la forme des fenêtres de la nef, car ses moulures sont toriques, tandis que celles de la jolie tourelle octogone qui l'avoisine sont prismatiques (1). Deux tourelles semblables existent à l'extrémité de chacune des deux chapelles formant transept ; mais celle qu'on voit dans le dessin est la seule des quatre qui soit ornée. Elle a perdu le pinacle du XVIIe. qui la surmontait et qui existe encore sur sa voisine : les deux tourelles du côté méridional ont perdu le leur. Le clocher (tour et flèche) est des XVe. et XVIe. siècles. Le déplorable fronton qui domine la façade occidentale fut élevé sous l'épiscopat d'Edmond Mongin, à la place de celui de 1537, dégradé en 1577 par les protestants et entièrement renversé par la foudre entre 1725 et 1745 (2).

(1) Par une distraction bien facile à expliquer dans la rédaction de sa volumineuse *Statistique* (T. 1. p. 269), M. Jouannet semble avoir confondu les restaurations de 1537 (sous Jean IV de Plats ou de Planes) avec celles de 1635 (par les héritiers d'Arnaud de Pontac), qu'il avait bien distinguées dans son mémoire de 1821, comme M. de Lamothe l'a fait aussi en 1845.

(2) L'ouvrage de M. O'Reilly laisse planer beaucoup d'obscurité sur

2. *Signes lapidaires.*

Les parties inférieures de la façade occidentale offrent un assez grand nombre de marques de tâcherons, mais nous n'avons réussi à apercevoir aucune marque d'appareilleur. Ces deux sortes de signes lapidaires ont été si peu remarqués et décrits dans nos provinces méridionales que je crois devoir, en annonçant leur existence à Bazas, décrire et figurer celles que nous y avons remarquées (Pl. VIII). Je n'ai pas besoin d'ajouter qu'on n'en voit aucune sur les contreforts de 1537. Les marques de tâcherons sont si peu profondément gravées que je n'ai pu en apercevoir que deux au-dessus des niches trilobées qui décorent l'étage inférieur de l'ordonnance des portails ; en d'autres termes, je n'en ai pas distingué au-dessus des linteaux des portes. Elles sont toutes, comme de raison, sur le nu du mur, et l'absence de marques d'appareilleur concourt à prouver ce qu'on a déjà souvent présumé,

ce point. Il dit (p. 314) que la belle rose fut achevée avec la façade en 1537 ; que le frontispice de cette époque, détruit par la foudre en 1577, tomba sur la voûte de la nef ; enfin que ce frontispice fut rebâti, tel que nous le voyons, par Edmond Mongin. Ces dates impliquent contradiction : on ne peut pas croire que le fronton tombé en 1577 soit resté cent quarante-huit ans sans être réparé, puisqu'entre 1577 et la nomination de l'évêque Edmond Mongin, se place la restauration si généreusement commandée par Arnaud de Pontac à ses héritiers. Or, 1577 est précisément l'année où les Calvinistes s'emparèrent pour la seconde fois de Bazas, dévastèrent la cathédrale et violèrent la sépulture des évêques (O'Reilly, p. 138). Il faut donc croire nécessairement que le fronton d'Arnaud de Pontac, succédant à celui de 1537, fut renversé par la foudre pendant l'épiscopat d'Edmond Mongin (1725-1746.)

que les archivoltes et les chapiteaux étaient, en général, sculptés sur place (1).

Les marques de tâcherons les plus nombreuses à Bazas sont d'abord l'A majuscule du temps, puis le triangle plus ou moins élargi, puis enfin la réunion de trois triangles également espacés et se touchant par leurs pointes. Ces trois sortes de figures sont placées indifféremment dans tous les sens. Dans la planche, je désigne par un chiffre arabe le nombre de marques de chaque espèce que j'ai comptées dans l'espace déterminé ; le chiffre arabe 8, horizontalement couché (∞), indique que ce nombre dépasse quatre ou cinq. Une lettre italique indique les marques au sujet desquelles j'ai quelqu'observation à faire. J'ajoute que je ne les ai pas dessinées avec scrupule, quant aux proportions : c'eût été inutile, surtout pour les A et les triangles, qu'il eût fallu dessiner individuellement, tant ils varient.

Fig. *a*. Ce P qui est couché horizontalement entre la banquette et la base des niches trilobées, est la première marque que j'aie aperçue et m'a conduit à la découverte des autres. Il est gravé beaucoup plus profondément qu'elles, et l'extrémité de ses traits, épatée en Y, est si soignée qu'il a plutôt l'apparence d'une marque d'appareilleur que celle d'une marque de tâcheron ; mais comme il est isolé, je n'en puis faire une classe à part. Comparativement à lui, la plupart des autres marques ont l'air d'égratignures faites à la hâte avec une pointe de fer, et leurs bouts sont presque toujours faits *à main levée*.

Fig. *b*. Je ne figure ce cœur qu'avec doute ; il est trop

---

(1) C'est ainsi qu'au portail de S^{te}.-Croix de Bordeaux, il y a des portions d'archivoltes tout unies et qui, probablement, ne sont pas des pierres de remplacement. A St.-Sernin de Toulouse, on voit quelques chapiteaux ébauchés, mais non terminés.

profondément gravé, son trait est trop large, sa dimension trop petite et l'éraillure de la pierre diffère trop des parties environnantes pour que je ne soupçonne pas qu'il est comparativement moderne.

Fig. *c*. J'en dis autant, et pour les mêmes raisons à peu près, des deux marques *cc* placées à côté l'une de l'autre sur une même pierre : à la droite du second *c* il y a quelques accidents dont le parallélisme peut faire croire que quelques mots y ont été gravés ; mais ces vestiges sont extrêmement douteux.

Fig. *d*, *e*. Une des deux marques *d* est compliquée d'un losange *e*. Je ne sais si cette réunion constitue une marque différente ou si le losange, d'ailleurs peu distinct, est une surcharge postérieure. La première hypothèse est rendue plus probable par la présence d'une figure combinée et du même genre, au côté gauche du même portail.

Fig. *f*. Cette figure n'est qu'un A renversé, mais singulièrement épaté.

Fig. *g*. Cette figure est incomplète, par cassure de la pierre.

J'ajoute à tout ceci, sous la lettre *h*, un fragment d'inscription fort peu lisible, qui n'a aucun rapport avec ce qui précède, et qui se trouve sur un quartier de pierre posé avec d'autres près d'un des portails. Ce tas de pierres, tel qu'il est en ce moment, figure dans le dessin des portails que M. Drouyn a publié en 1845.

3. *Statuaire des portails.*

(Planches X, XI, XII).

J'arrive à l'un des objets principaux de notre travail commun : il a pour but de compléter quelques parties des des-

CATHÉDRALE DE BAZAS

criptions qu'on a données de la statuaire des portails, et de rectifier les interprétations erronées qui ont été publiées sur quelques autres. Nous joignons à notre travail un trait de l'ensemble de la façade (Pl. IX).

On sait déjà que la partie *interne* des portails (les voussures, le tympan et les deux rangs de niches de chaque côté) sont les seules parties du XIIIe. siècle. L'arc en doucine, relevé de choux frisés, qui s'applique exactement sur l'extrados de l'archivolte extérieure de chaque portail, est de 1537 ainsi que la grande galerie et la rose. Il en est de même des quatre grands contreforts très-saillants, chargés d'arcatures, de niches et de pinacles, qui s'élèvent jusqu'au dessus de la galerie et dont les deux extrêmes terminent la façade, tandis que les deux médians séparent les trois portails. Or, pour placer et assolider ces contreforts, il a fallu les greffer, et il s'est trouvé que les portails étaient si rapprochés qu'il n'y avait pas de nu de mur entr'eux ni à côté du bord extérieur des latéraux. Je prie qu'on fasse bien attention à la signification grammaticale du mot *greffer*, parce que je l'applique dans toute la rigueur de son acception. Qui dit *greffe*, dit *entaille*; et voilà précisément la clef de certaines difficultés qui ont tant donné à rêver à nos devanciers. Dans une notice que je n'ai pas vue imprimée, mais dont M. l'abbé Martial, supérieur du collége, a eu l'obligeance de m'envoyer un extrait, M. Lacour a parlé précisément de cette *greffe* dont la découverte, par conséquent, ne m'appartient plus; mais il n'en a pas profité pour l'explication du zodiaque, et il est tombé dans la même erreur que M. Jouannet, qui n'avait pas reconnu l'ablation de deux des signes.

Il demeure donc maintenant hors de toute contestation possible, que les architectes de 1537 ont *taillé* à plein couteau *dans les deux extrémités des voussures extérieures des portails latéraux*; mais ce massacre abominable n'a pas eu lieu au grand portail dont ils n'ont pas eu besoin de resserrer l'entrée. Si cette observation bien simple eût frappé les yeux de M. Jouannet, il ne se serait pas donné tant de peine pour retrouver dans la troisième voussure, *où ils ne sont pas*, le premier et le dernier signe du zodiaque, lequel n'est plus *complet*, dans son état actuel, mais bien privé de son commencement et de sa fin.

La preuve matérielle de ce que j'avance se trouve dans l'inspection de la place qu'occupe la *greffe*, distincte du *sujet* par son appareil et son ornementation (Pl. X). Si, de plus, on veut une preuve de raisonnement, la voici.

Rien de plus régulier que les trois portails de Bazas ; cinq voussures en retrait décorent chacun d'eux, et chaque demi-voussure porte un compartiment de plus que celle qui la précède en allant de dedans en-dehors. Seulement, *dans les portails latéraux*, les deux voussures extérieures se trouvant destinées à porter des sujets *correspondants* ou qui se complètent l'un l'autre, ne sont séparées que par un simple filet au lieu de l'être par une guirlande de feuillages ou par des tores multiples, et elles ont toutes deux le même nombre de compartiments. Les chiffres aideront à me faire comprendre.

Portail central. La demi-voussure intérieure à gauche, n°. 1, porte *six* compartiments, c'est-à-dire six personnages ascendants entre console et dais ; le n°. 2 en porte *sept* ; le n°. 3, *huit* ; le n°. 4, *neuf* ; le n°. 5, *dix*. Les mêmes nombres se répètent aux demi-voussures du côté droit, ce qui donne pour les voussures complètes de ce portail, les nombres 12, 14, 16, 18 et 20.

La dimension du portail central est *double* de celle des portails latéraux. M. Jouannet (*Statistique de la Gironde*, t. I, p. 270) la trouvait *exagérée*, sans doute parce qu'il ne reconnaissait pas le *rétrécissement* des autres. Il résulte de là ce qui suit :

PORTE DE DROITE
LE ZODIAQUE, LES ROIS.

Portails latéraux. Demi-voussure intérieure à gauche, n°. 1, *trois* compartiments; n°. 2, *quatre*; n°. 3, *cinq*; n°⁵. 4 et 5 (accolés), *six*. Total pour les deux côtés de chaque voussure, 6, 8, 10, 12 et encore une fois 12 : mais le compartiment inférieur à gauche et le compartiment inférieur à droite, dans les voussures *accolées* n°⁵. 4 et 5, ont été abattus en 1537 et remplacés par des niches, arcatures et autres ornements PRISMATIQUES qui s'élèvent *au-dessus de la ligne de niveau* de la base normale des cinq voussures TORIQUES du XIII°. siècle.

Tout ceci est de la statistique : c'est irrécusable. Passons aux descriptions et aux interprétations.

A. Portail central. « Une foule de personnages, « sculptés sous les arcs, figurent toute la hiérarchie céleste :» telles sont les paroles de M. Jouannet. M. de Lamothe, que le travail et les recherches n'effraient pas (il l'a bien prouvé dans ses belles monographies de St.-André, St.-Michel et S^{te}.-Eulalie de Bordeaux), se trouvait, dans les *Notes annexes* aux *Types* de M. Drouyn, astreint à la plus rigoureuse concision ; cependant, il ne s'est pas contenté de cette vague indication. Il a exprimé le nombre des personnages dans chaque voussure et a distingué dans la première (intérieure) les anges foulant aux pieds des démons, dans la deuxième les anges faisant entendre la musique céleste; il n'a laissé subsister le pêle-mêle de la *hiérarchie céleste* que pour les trois arcs extérieurs. Nous ne croyons pas impossible d'y porter un peu plus d'ordre; M. de Lamothe a dessiné les carreaux du jardin : nous qui avons plus de liberté dans cette notice spéciale, nous essayons de les bêcher. Je propose donc les distinctions suivantes, qui, je l'avoue, mériteraient encore une étude plus approfondie que je n'ai eu le loisir de la faire.

Voussure extérieure, n°. 1 de dehors en-dedans : 20 personnages dont plusieurs sont fort endommagés et deux entièrement rongés par les agens atmosphériques. On y voit un personnage à cheval, un autre avec trois petits enfants (St. Martin et St. Nicolas, ce me semble), d'autres en costume religieux; d'autres sont peut-être des femmes (?). Je crois reconnaître dans cette voussure l'ordre des Saints *confesseurs*, c'est-à-dire de ceux qui ne sont pas *martyrs*. Il y a aussi deux ou trois anges, et seuls ils sont nimbés.

Voussure n°. 2 : 18 personnages. Aucun d'eux n'est nimbé ni barbu ; presque tous portent un livre et une palme ou un vestige reconnaissable de ces attributs. Ce doit être l'ordre des *Martyrs* ; ils sont plus élevés en dignité et moins nombreux que les Confesseurs.

Voussure n°. 3 : 16 personnages non nimbés, portant tous un livre plus ou moins gros, ouvert ou fermé, mais pas de palme : ordre des *Prophètes*, et le compte y est bien (*4 grands*, *12 petits*). Ils ont le pas sur les martyrs (Didron, *Manuel d'Iconographie chrétienne*, p. 264, en note).

Voussure n°. 4 : 14 anges non nimbés, mais bien reconnaissables à leurs ailes. Presque tous portent dans leurs mains une couronne (récompense des justes). L'un d'eux, au lieu de couronne, tient un objet douteux (épée, sceptre ou chandelier).

Voussure n°. 5 : 12 anges foulant aux pieds autant de petits démons ou monstres de formes variées (victoire sur les péchés et les tentations).

Les cinq voussures sont séparées et bordées extérieurement par six plates-bandes étroites, chargées de végétations indigènes (fruits, fleurs, feuilles de chêne, de vigne, de ronce, etc.).

Tympan. Sa bordure immédiate est en feuilles de vigne-vierge. Il se compose de cinq tableaux ou bandeaux horizontalement superposés, qui ont été mentionnés sommaire-

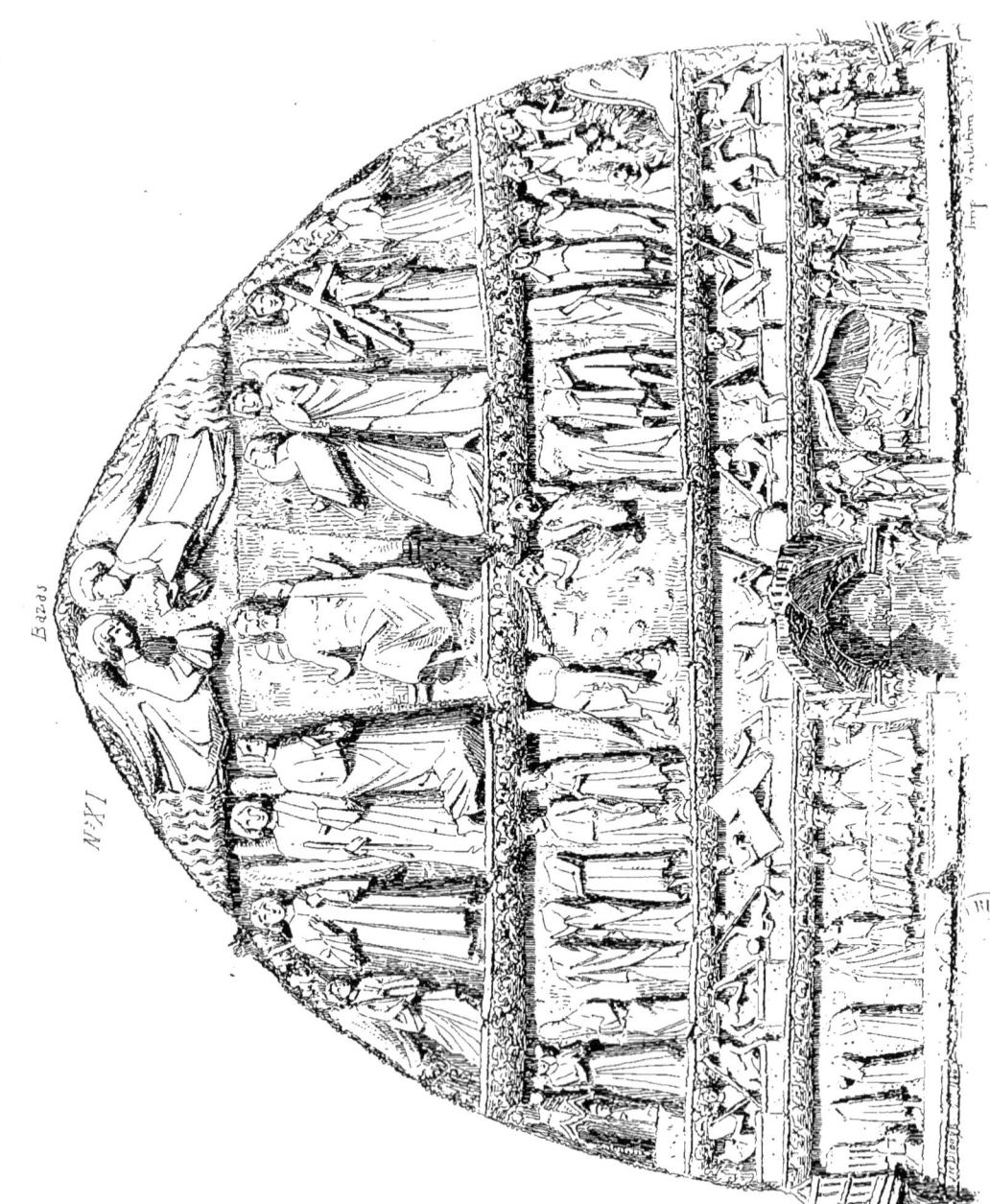

ment par M. Jouannet et brièvement décrits par M. de Lamothe. L'un et l'autre auteur ont donné des déterminations exactes, mais ils ne se sont pas arrêtés aux détails que nous croyons devoir joindre à notre dessin (Pl. XI). Ces détails auront l'avantage de fixer la détermination de plusieurs personnages qui ont une signification précise et non signalée jusqu'ici.

1er. bandeau (en partant du haut) : deux anges nimbés, volant presqu'horizontalement, les pieds encore cachés par les nuages d'où ils sortent, tiennent, au-dessus de la tête de N.-S., l'un une couronne posée sur un linge, l'autre un voile (*verniculum* de Ste. Véronique).

2e. bandeau : J.-C. en fonction de Juge des vivants et des morts, assis sur un trône sans dossier, nimbe crucifère, les deux mains levées; un pan du manteau qui drape la partie inférieure du corps est relevée sur l'épaule gauche. A droite et à gauche de N.-S., la Ste. Vierge voilée et St. Jean l'évangéliste nimbé, tous deux à genoux. Trois anges debout de chaque côté, portant les instruments de la passion (à droite de N.-S. la lance, les trois clous, l'éponge; à sa gauche la couronne d'épines, la croix non dépouillée de son écorce, les fouets (?).

3e. bandeau, divisé en trois parties. Au milieu, le *pèsement des âmes*. La balance occupe le centre; elle est presque détruite, on ne voit plus qu'un plateau sur lequel est une petite âme, et la place de l'autre plateau. A gauche du spectateur (droite de J.-C.) l'archange St. Michel, à droite le démon tout velu, contrôlent le poids des âmes. Après St. Michel, cinq élus (dont trois ont la tête détruite) se dirigent vers le paradis, ayant à leur tête un ange qui les présente à un autre ange placé en avant de la Jérusalem céleste. En-dedans de la porte du paradis (édifice gothique) se tient un personnage couronné (N.-S. probablement), et on voit par une ouverture latérale une autre tête indistincte, à l'intérieur. Du côté du démon et après lui (à la droite du spectateur), cinq damnés (dont quatre ont perdu leurs têtes), le cou lié par une seule corde, sont poussés en arrière par un démon (dont la figure ressemble beaucoup à celle d'un des démons du portail de Ste.-Croix à Bordeaux). Ils sont précédés, sur le chemin de l'enfer, par un autre démon qui tient le bout de la corde. Puis on voit Satan lui-même, distingué des autres démons par sa peau lisse au haut du corps, velue en bas, et par *son ventre décoré d'un masque monstrueux* (1). Il tient suspendu par les pieds un damné qu'il précipite dans la gueule enflammée du dragon infernal, où l'on voit d'autres damnés au milieu des flammes. Deux autres démons, l'un en haut, l'autre en bas, semblent occupés à tenir écartées les mâchoires de cette énorme gueule qui termine le tableau.

4e. bandeau, très-étroit : *Résurrection des morts*. Ce tableau est plein de mouvement, et les poses sont variées à l'infini ; il y a de grandes incorrections de dessin, mais beaucoup d'effet et un pêle-mêle saisissant. Les cercueils, à couvercle en forme de toit et rétrécis aux pieds, sont en ligne, au nombre de quatorze ou quinze au moins, et les couvercles, tous soulevés, sont encore dressés ou déjà tombans. Un seul cercueil est rond, en forme de marmite ou de jarre : le mort en sort tout droit. Je ne sais comment expliquer cette particularité qui se retrouve sur plusieurs sculptures du jugement dernier, notamment celle que M. de Caumont a figurée dans son *Dictionnaire archéologique*

---

(1) Ce motif se retrouve dans la peinture du jugement dernier de Salamine (1735), décrite par M. Didron (*Manuel d'icon. chrét.*, p. 276). « Au nombril du principal démon, dit-il, est plaquée une tête de dragon, etc. »

(*Bulletin monumental*, t. XII, p. 14); dans ce monument, trois morts sortent du tombeau rond. Le partage n'est pas fait, tous sortent de leurs tombeaux avec la même précipitation. La plupart des têtes, dans la sculpture de Bazas, sont tournées vers le ciel.

5e. bandeau : *Histoire de St.-Jean-Baptiste*, patron de l'église. Ce bandeau inférieur, ainsi que ceux correspondants des portails latéraux, est placé au-dessous de la ligne de niveau de la base des voussures. Sa partie médiane est *masquée* (ou remplacée) par le dais d'une niche de 1537 qui surmonte le trumeau (heureusement, les portails latéraux n'ont pas de trumeau). A droite du dais, se trouvent rappelés quelques faits de la vie du saint Précurseur. D'abord, saint Zacharie, son père, exerçant les fonctions sacerdotales dans le Temple ; il est debout devant l'autel derrière lequel se tient l'archange Gabriel, qui lui annonce la cessation de la longue stérilité de son épouse. Puis sainte Elisabeth au lit ; les rideaux sont disposés en accolade ; le petit saint Jean est couché dans un berceau au devant du lit. Ensuite deux vieillards, debout, tiennent un livre ouvert sous leurs yeux, et un personnage (femme?) faisant partie du même groupe, lève la main en signe d'étonnement ou de discussion. L'explication de ce groupe est dans les versets 59 à 63 du chapitre premier de l'évangile selon St.-Luc (il faut se rappeler que Zacharie était devenu muet à la suite du colloque qu'il avait eu avec l'ange (Luc. 1. 20) :... ils (les voisins et les parents)
« le nommaient Zacharie du nom de son père. Mais sa mère
« prenant la parole, leur dit : non ; mais il sera nommé
« Jean. Ils lui répondirent: il n'y a personne dans votre
« famille qui porte ce nom. Et ils firent signe au père de
« l'enfant de marquer comment il voulait qu'on le nommât.
« Il demanda des tablettes et écrivit dessus : Jean est le nom
« qu'il doit avoir ; ce qui remplit tout le monde d'étonne-

« ment. » Enfin, le troisième et dernier groupe de ce côté se compose de saint Jean devenu grand, vêtu d'une tunique de poil (caractérisée par de petites stries verticales), debout et prêchant dans le désert (caractérisé par deux arbres); les auditeurs sont un homme barbu, qui a les mains jointes, et derrière lui une femme. Je ne pense pas que ce soit le baptême, quoique St.-Jean ait une main levée, parce que les personnages sont vêtus et que je n'ai pas aperçu d'eau sous leurs pieds. L'un des deux arbres est fort petit et placé entre St.-Jean et l'homme aux mains jointes (1). — A la gauche du dais du trumeau, sont rappelés les faits relatifs à la mort de St.-Jean. On voit d'abord la table du festin. Hérode y est assis, la couronne en tête : près de lui, Hérodiade (la mère) aussi couronnée, et un autre convive sans couronne. Près de la table, un personnage debout, tenant quelque chose de carré qui doit être un instrument de musique servant à faire danser Salomé (la fille d'Hérodiade) qu'on ne voit pas et qui, nécessairement, doit être cachée par le dais du trumeau. En effet, le personnage qui tient un objet carré ne peut être la jeune danseuse qui, dans les usages iconographiques du moyen-âge, doit être *contournée ;* mais c'est bien de ce côté que regardent les deux têtes couronnées. Maintenant, pourquoi sa mère est-elle assise au festin, tandis que, d'après le récit évangélique, elle ne se trouvait pas dans la salle? C'est, si je ne me trompe, parce que l'espace manquait pour représenter les deux scènes, et que le sculpteur a voulu rappeler, par la présence

---

(1) Tout ceci n'est que l'abrégé de ce que les Grecs peignent dans leurs églises (Didron, *Manuel d'icon. chrét.*, p. 355-357). Là, ils ont les murs et les coupoles pour y prodiguer les détails; dans la sculpture de l'ère ogivale, les espaces sont étroits; la foule est supprimée; les circonstances essentielles sont seules indiquées.

de cette reine incestueuse, les crimes d'Hérode et la cause de la haine qu'Hérodiade portait à St-Jean-Baptiste (1). De l'autre côté de la table, il y a cinq personnages debout, mais sans tête, et on ne peut guère reconnaître leur action que par la pose et la direction de leur corps : pour cela, il faut prendre le bas-relief à son extrémité gauche. On y voit saint Jean, vêtu de poil, à genoux sur le seuil de la porte de sa prison, et presque tout brisé : sa tête n'existe plus. Devant lui, le bourreau, l'épée levée, va le décoller (reproduction ou modèle des armoiries de la ville). Derrière le bourreau, une femme (Salomé) semble soutenir quelque chose (un plat pour recevoir la tête). Le second groupe, en se rapprochant de la table, serait composé encore de Salomé, tournée cette fois du côté opposé et présentant le plat et la tête à sa mère qui est debout. Enfin, le dernier personnage, debout et tourné vers la table, serait un serviteur du festin.

B. Portail de la Vierge (du côté de l'épître). Le *tympan* de cette porte est facile à comprendre et à décrire. Il est encadré d'une bordure de petites roses à quatre feuilles ou à pétales plus nombreux, avec un petit bouton au centre, et divisé en trois bandeaux. En bas, la Ste.-Vierge est étendue sur le lit où elle vient d'expirer entourée des douze apôtres nimbés. Au-dessus du lit, deux anges, bais-

---

(1) Tout cela soit dit si je ne me trompe pas en appliquant le nom d'Hérodiade à la seconde figure couronnée, mais je ne vois pas quel serait le roi qui serait à table avec Hérode-Antipas. Ce ne serait pas un de ses trois frères. Hérode-Philippe, premier mari d'Hérodiade et père de Salomé, qu'il fût mort ou vivant, n'y pouvait pas figurer ; Archélaüs et l'autre Philippe, futur mari de Salomé, étaient en guerre avec Antipas. Les Grecs figurent *des princes et des grands* à table avec Hérode (Didron, *Manuel d'icon. chrét.*, p. 358).

sant respectueusement la tête, portent au ciel, dans un linceul, son âme figurée nue, comme d'ordinaire à cette époque, et debout, les mains jointes. Au deuxième bandeau, Marie nimbée et couronnée est assise à la droite et sur le même trône sans dossier que N. S. barbu (nimbe crucifère), couronné et tenant un livre dans sa main gauche (*Astitit Regina à dextris tuis*. Ps. 44). De chaque côté, un ange agenouillé tenant une coupe de parfums. Au troisième bandeau, quatre anges volants, et portant probablement tous des encensoirs dont on ne distingue plus qu'un.

Dans ce tympan que M. Lacour (*Gironde*, p. 400 et suivantes) considère avec plus de justesse peut-être, comme formé de deux tableaux seulement (puisqu'il n'y a réellement que deux sujets), St.-Jean est à la tête du lit, tandis que la *Légende dorée* le place au pied et St.-Pierre à la tête. Passons sur la confusion qu'il est échappé à M. Lacour de faire entre St.-Jean l'*apôtre* qui assista à la mort de la St^e.-Vierge et le patron de l'église qui est St.-Jean le *Précurseur;* mais protestons contre ces appellations singulières de *Litanie*, de *déesse chrétienne des supplications*, appliquées à Marie, et qui sont à regretter dans un morceau écrit en général, sur un ton très-convenable. Elles le déparent parce qu'elles semblent tendre à *allégoriser* la St^e.-Vierge. L'allégorie, cette chose si vide en elle-même, prend un pire caractère quand on l'applique aux personnages historiques de la religion : elle devient alors vicieuse, parce qu'elle s'attaque aux faits, mauvaise parce qu'elle s'attaque à la foi. C'est par la même raison que je relèverai l'erreur qui pourrait résulter d'une assertion émise, quelques lignes plus bas, par M. Lacour. Selon lui, *c'est aux Croisés que nous devons le dogme* (sic) *de la Conception immaculée*, PRIS DU CORAN. Tout le monde sait, comme M. Lacour, que le vocable de l'Immaculée Conception n'a été appliqué, en France du moins, à la dédicace d'un édifice religieux, qu'après la première croisade ; mais quant à la *croyance constante* de la chrétienté en faveur de cette prérogative de Marie, les écrits des Pères en font foi dès le IVe. et le commencement du Ve. siècles (St.-Amphiloque, St.-Jean-Chrysostôme, St.-Augustin), et Mahomet n'est venu qu'au VIIe. Deux souverains de notre histoire ont voulu être empereurs d'Occident, et je ne sache pas qu'on ait soupçonné Charlemagne d'avoir imité Napoléon.

Quant à l'ensemble du tympan, M. Lacour y a parfaitement reconnu les quatrième et cinquième *mystères glorieux* du rosaire, l'*Assomption* et le *Couronnement* de la St^e.-Vierge. Comme lui, je vois des roses dans les fleurons qui encadrent les deux tableaux, et j'applaudis à la pensée ingénieuse qui lui fait voir, dans ce motif de décoration, la traduction d'un des noms symboliques de Marie, *Rosa mystica*.

Ce n'est pas comme cédant aux prières de sa mère en faveur des hommes coupables, que J.-C. tient le livre de la loi *fermé*. Ce livre est tout simplement son attribut habituel, comme Juge des vivants et des morts (*neque enim Pater judicat quemquam : sed omne judicium dedit Filio.* JOANN. V. 22).

M. Lacour voit des *archanges* dans les Esprits célestes qui entourent le trône de Jésus et de sa Mère, et de simples *anges* dans ceux qui garnissent la voussure intérieure du portail. Cette distinction lui était nécessaire pour établir les trois ordres d'intelligences que le sculpteur a représentés, selon lui, dans le ciel, comme correspondant aux trois ordres de la terre (*puissance spirituelle, pouvoir temporel* et *peuple*) représentés sur les trois autres voussures du portail. Tout cela est fort ingénieux sans doute, mais manque de racines dans les idées du temps, c'est-à-dire dans les idées *purement* religieuses, et cela manque aussi de justification iconographique. Les imagiers du XIIIe. siècle ne songeaient pas à faire des poèmes de philosophie socialiste : ils sculptaient les choses du dogme, de la morale et de l'histoire. Ici et ailleurs, ils y ont ajouté un zodiaque, simple calendrier à l'usage des cultivateurs. Aucun signe hiérarchique, aucun détail de costume n'autorise à distinguer, comme *ordres*, les anges du tympan des anges de la voussure ; et quant au double cordon orné de feuilles de vigne qui sépare cette voussure des suivantes et qui, selon M. Lacour, marque la distinction des choses du ciel d'avec les choses de la terre, il existe tout pareil au portail nord, et n'est par conséquent qu'un motif d'ornementation.

Pourquoi aussi parler de *puissance spirituelle* à l'occasion de la voussure suivante, puisque M. Lacour y a reconnu tout simplement ce qui y est, des *faits* de la vie de la Sainte-Vierge à qui le portail est consacré ? La voussure du *pouvoir temporel* est encore une voussure *historique*, puisqu'elle représente, comme je le prouverai plus bas, un *arbre de Jessé*, c'est-à-dire les rois ancêtres de Marie. Enfin, la voussure *du peuple* est composée des signes traditionnels et pour ainsi dire hiéroglyphiques du zodiaque, accompagnés, si j'ose m'exprimer ainsi, de leur traduction en langue vulgaire, afin d'indiquer clairement la valeur des signes et les occupations de chaque mois ; c'est une sculpture d'enseignement temporel. — Qu'on cherche des explications alambiquées, quand un monument n'offre pas de sens simple, rien de mieux ; mais dépasser la vérité suffisante, c'est souvent la perdre.

Voussure n°. 1 (de dedans en dehors) : six anges portant des instruments de musique sur la détermination desquels M. Lacour a fait des recherches spéciales.

Voussure n° 2, huit personnages ou groupes. En haut et dans le petit creux qui sépare les deux dais supérieurs des figures ascendantes de chaque côté, M. Drouyn a figuré, dans ses *Types*, une colombe (le St.-Esprit) descendant du ciel les ailes éployées ; mais il reconnaît maintenant que c'est un ange vu de face et volant. M. Jouannet n'a rien dit des personnages de cette voussure ni de ceux de la troisième, à l'exception de celui dont il a, par erreur, fait la figure *correspondante* du Verseau. M. de Lamothe y reconnaît, comme M. Lacour et nous-mêmes, des faits de la vie de la Ste.-Vierge. — En haut à droite, la Ste.-Vierge et St.-Joseph sont fiancés et bénis par l'ange qu'on voit à la clef de la voussure entre les deux dais. Au-dessous un ange, et au-dessous encore la Ste.-Vierge filant (ces deux compartiments représenteraient l'Annonciation). Enfin, au bas du côté droit, la Ste.-Vierge portant l'Enfant Jésus au Temple. — En haut à gauche, une femme que M. Lacour présume être Ste.-Elisabeth. M. Drouyn ne croit pas y voir une vieille femme ; mais la figure, dont les bras sont mutilés, portait quelque chose de lourd, puisqu'on voit encore un gros clou qui servait sans doute à soutenir l'objet porté : cela me conduit à adopter l'interprétation de M. Lacour. Ce serait Ste.-Elizabeth sauvant St.-Jean-Baptiste du massacre des Innocens. Et, en effet, au-dessous, on voit un personnage à cheval sous un arbre : il est très-mutilé, et MM. Lacour et de Lamothe y voient, avec toute vraisemblance, la fuite en Egypte. Au-dessous encore, et là où il faudrait, ce me semble, trouver St.-Joseph (car on ne distingue pas d'homme à pied près de la monture de la Ste.-Vierge), M. Lacour voit « la figure inconnue d'un jeune homme « habillé d'une tunicelle collante, taillée avec élégance et « ornée. » M. Drouyn croit y voir un des bourreaux d'Hérode, parce qu'il a reconnu à ses pieds une sorte de paquet long et emmailloté comme une momie ; ici les suppositions sont permises, car toute cette demi-voussure est horriblement dégradée. Enfin, au bas du côté gauche, un roi barbu, debout, relève sa robe et découvre sa cuisse enflée. M. Lacour à qui j'emprunte ces derniers détails que je n'ai pas su distinguer, pense avec raison que ce roi doit être Hérode-le-Grand, qui ordonna le massacre des Innocens et mourut rongé d'ulcères.

Voussure n°. 3. Elle renferme dix personnages dont neuf couronnés, assis non sur des *trônes* « dont la forme mérite quelqu'attention » comme l'a dit M. Lacour, mais bien sur l'enfourchure de deux branches terminées par des feuilles de vigne. Il est inconcevable que cette disposition insolite des prétendus trônes n'ait pas dessillé les yeux de M. Lacour qui en a si bien été frappé. Le dixième personnage (premier à gauche en partant d'en bas; voir la pl. X), dont M. Lacour fait le prophète Samuel et que M. Jouannet a pris pour la personnification de l'hiver, est assis sur un siège. Il dort, la tête appuyée sur sa main gauche. Les branches de la vigne, au lieu de lui servir d'accoudoirs comme aux neuf rois, semblent se recourber pour passer devant son corps où devait s'enfoncer la racine du cep; mais le corps a été coupé au-dessus des mamelles par la *greffe* de 1537 qui a substitué une pierre lisse à la partie inférieure du bas-relief. M. Lacour croit le personnage vêtu d'une tunique sans manteau; M. Drouyn au contraire le croit nu; il affirme du moins que le bras gauche l'est. Ce dixième personnage est donc Jessé qui, en Orient comme en Occident, est toujours représenté endormi; c'est Jessé qui ne fut pas roi, et c'est pourquoi, seul entre les dix personnages, il n'a pas de couronne, comme l'a fort bien vu M. Lacour; c'est Jessé (autrement dit Isaï) père de David, et les neuf rois sont les ancêtres de Marie et de Jésus-Christ selon la chair : ils sont entremêlés, selon l'usage du moyen-âge, aux branchages de l'*arbre de Jessé (et egredietur virga de radice Jesse, et flos de radice ejus ascendet.* Is. XI. 1). Le dais qui surmonte chaque statuette et sert de console à la suivante est formé par la réunion des branches qui entourent le personnage immédiatement inférieur. Les rois sont choisis parmi les quatorze générations de monarques de Juda qui vécurent depuis le Roi-prophète jusqu'à la captivité de Babylone, et David, avec sa harpe, y figure en effet. Par un inexplicable déplacement, il est le troisième au lieu d'être le premier, et c'est ce qui a donné lieu à M. Lacour, qui n'avait pas reconnu Jessé, de chercher dans les trois personnages inférieurs à David, Samuel qui sacra Saül, Saül premier roi d'Israël et Isboseth son fils, qui régna deux ans sur Israël avant que sa mort réunît les deux couronnes sur la tête de David : mais *l'arbre de Jessé*, composition si familière au moyen-âge, rend cette explication inadmissible, puisque Saül et Jessé n'étaient pas du même sang. C'est par la même raison que je ne puis voir Athalie, fille d'Achab, roi d'Israël, dans le personnage couronné que M. Lacour prend pour une femme. Bien qu'ayant épousé un roi de Juda, on n'aurait pas choisi cette reine assassine pour la faire figurer, de préférence, au nombre des ancêtres de Marie et du Sauveur. M. Drouyn, d'ailleurs, a remarqué qu'il n'y a aucune différence dans le costume, que la poitrine n'est pas plus saillante que celle des hommes, et nous pensons qu'il ne faut voir là qu'un jeune roi sans barbe, Joas probablement, pour rappeler qu'il était encore enfant lorsqu'il fut replacé sur le trône de ses pères, et que les années de ses vertus furent aussi celles de sa première jeunesse.

Si M. Jouannet eût songé à cette représentation de l'arbre de Jessé, si familière à l'art chrétien, il n'eût pas cherché à compléter son zodiaque dans la troisième voussure. Mais qui savait, en 1821, que c'est dans l'Écriture sainte, dans la tradition, parfois dans la légende qu'il faut chercher l'explication des œuvres de l'art chrétien? Qui savait en 1821, j'ose le dire, qu'il y a tout un corps de doctrine dans l'iconographie chrétienne ? Sauf les scènes qu'on peut appeler les *banalités* de l'Histoire Sainte, qu'il reconnaissait avec tout le monde, le clergé lui-même ne songeait pas à lire les récits sacrés sur les monuments du moyen-âge. Ceux d'entre les savants qui avaient conservé quelques souvenirs de Bible ou de catéchisme n'y songeaient pas davantage, et, fermant les yeux aux explications les plus simples et les plus logiques qu'ils y eussent trouvées, ils se perdaient dans des rêveries et des commentaires empruntés aux ennemis de la foi. Etrange manière de se rendre raison des œuvres des siècles de foi ! Etrange aveuglement, de croire que l'esprit religieux élevait les monuments, et laissait au caprice, à l'indifférence ou à l'inimitié le soin de les décorer ! Etrange aveuglement encore une fois, qui dure encore pour quelques-uns ; et nous y serions tous plongés nous-mêmes, sans quelques esprits d'élite qui nous ont ouvert la voie. On nous a appris à lire dans un alphabet nouveau pour nous, et maintenant, nous pouvons tous apprendre facilement ce que tous ignoraient alors.

Voussures n°s. 4 et 5 (accolées) : *Zodiaque* et sujets *correspondants* à chacun de ses signes. — Les détails que j'ai donnés sur la greffe des contreforts et la détermination de l'arbre de Jessé, rendent superflue toute discussion ultérieure au sujet du premier signe au bas du côté gauche (Verseau), et du dernier signe au bas du côté droit (Capricorne) : tous deux sont détruits ainsi que les compartiments allégoriques qui leur servaient de commentaire et complétaient le calendrier des cultivateurs. Ce zodiaque était disposé dans l'ordre suivi depuis les décemvirs, et commençait comme le nôtre par le mois de janvier (1). Il me

(1) En dépit de Dupuis, qui était alors fort en vogue, M. Jouannet assigna au zodiaque de Bazas sa véritable date, le XIIIe. siècle. C'était pourtant une chose bien séduisante qu'un zodiaque composé de *dix*

reste seulement à faire remarquer qu'en prenant pour le *signe* du Verseau le personnage qui tient ses souliers sur ses genoux, et pour figure *correspondante* à celle-ci la statuette de Jessé endormi qui appartient à la troisième voussure, M. Jouannet n'a plus eu de compartiment *correspondant* pour le *signe* des Poissons. Il a glissé le plus adroitement possible sur cette difficulté, en passant sous silence cette figure correspondante et les deux suivantes. Il ne recommence à parler de cette sorte de figures qu'à propos des Gémeaux. Lorsqu'il en vient à s'occuper des deux derniers signes, la même difficulté se représente, et il la résout d'une manière analogue, c'est-à-dire en prenant pour le *signe* du Capricorne la figure *correspondante* au signe du Sagittaire (novembre). Cette figure lui montre « un chevrier vêtu de la cape landaise, « et devant lui sa chèvre broutant au pied d'un arbre. » La mutilation de l'animal permet, il est vrai, toutes sortes de suppositions ; mais ce qui vient confirmer encore notre détermination, c'est la remarque faite par M. Drouyn, dans *tous* les Zodiaques de la Gironde et dans plusieurs autres (1), que le mois de *Novembre* y est représenté tantôt par un homme qui fait paître un cochon, tantôt par un homme qui tue un cochon ; et l'on sait que c'est l'époque de la glandée, de l'engraissement de ces animaux si utiles à la subsistance de l'habitant des campagnes. M. Lacour, qui a pourtant reconnu la greffe de 1537, s'est laissé aller à une erreur analogue. Il fait encore *doubles* le premier et le dernier signes.

M. Jouannet a très-bien décrit les autres signes et celles des figures correspondantes dont l'état de dégradation n'est pas trop avancé. M. Lacour, aussi, les a étudiés avec grand

---

signes seulement, comme on le croyait alors ! On avait beau jeu à le transporter au temps de Romulus.

(1) Drouyn, *Types de la Gironde*, zodiaque du portail de Castelviel ; Michon, *Statistique monumentale de la Charente*, zodiaque du portail de Cognac ; *Magasin pittoresq*, N. D. de Semur, etc.

soin et élégamment dessinés ainsi que leurs *correspondantes*; mais, préoccupé par le désir de trouver dans celles-ci la représentation de toutes les conditions du « tiers état social, » il a vu dans la correspondante de Février « un magistrat « couvert du mantel de drap de soie à panne hermine, « assis sur un archiban ou siége d'honneur et tenant « en ses mains ses heuses ou brodequins de marque », chaussure sur l'importance de laquelle, à partir de Dioclétien, il a fait des recherches extrêmement curieuses. Malheureusement, soumise à un examen sévère, cette figure ne montre en réalité qu'un homme vêtu du manteau à capuchon de nos Landais, et par dessus, d'une peau de brebis (la laine en dehors), assis sur un fauteuil ogival du XIIIe. siècle, et faisant chauffer ses souliers avant que de les mettre, action vulgaire, mais qui caractérise bien l'humidité régnante au mois de février (voir la planche X).

Ainsi, en nous résumant, et sans répéter la description détaillée, déjà plusieurs fois publiée, des dix signes et de leurs correspondantes, nous avons tout simplement, mais en réalité, ce qui suit :

Janvier *(Verseau)*; manque ainsi que sa *correspondante*.

Février *(Poissons)*; *corresp.*, l'homme qui fait chauffer ses souliers (pluies, débordements).

Mars *(Bélier)*; *corresp.*, propriétaire indiquant à ses ouvriers l'ouverture des travaux agricoles (?)

Avril *(Taureau)*; *corresp.*, homme à vêtements longs; ne peut guère être déterminé, vu la mutilation de l'objet qu'il portait à la main.

Mai *(Gémeaux)*; *corresp.*, cavalier (!) tenant un

Juin *(Cancer)* ;   faucon sur le poing ? (saison des voyages, entrée en campagne des guerriers?)
corresp., totalement dégradée (probablement un faucheur comme à N.-D. de Paris).

Juillet *(Lion);*   *corresp.*, moissonneur sciant du blé à la manière italienne, c'est-à-dire ne coupant que l'épi et laissant debout toute la paille. —Le lion n'est pas « blasonné « de Guienne avec la cou- « ronne ducale » comme l'a cru M. Lacour. Convenablement éclairé par le soleil, il a deux oreilles, et voilà tout.

Août *(Vierge)* ;   *corresp.*, batteur de blé : une gerbe à côté de lui ; un tas de grain à ses pieds.

Septembre *(Balance,* représenté par un vendangeur foulant dans le pressoir) ; *corresp.*, vendangeuse cueillant le raisin.

Octobre *(Scorpion,* représenté par la Salamandre *terrestre* ou *aquatique* vulgairement nommée *Scorpion* dans nos campagnes) ; *corresp.*, un semeur.

Novembre *(Sagittaire,* représenté par un cavalier ou un centaure chassant à l'oiseau) ; *corresp.*, un homme vêtu comme celui de Février, mais sans peau de brebis, et menant son cochon à la glandée.

Décembre *(Capricorne)*; manque ainsi que sa *correspondante*.

C. Portail de St.-Pierre (du côté de l'évangile). Avant d'en venir au portail lui-même, je dirai que le joli petit monument en forme de cadre polylobé du XIIIe., à deux étages, qui occupe une des niches supérieures destinées aux grandes statues, et qui représente en haut la naissance de J. C. et en bas l'apparition de l'ange aux bergers, a probablement été placé là pour être à l'abri des dégradations, ou, comme l'a pensé M. Lacour, en guise d'*ex-voto*. En effet, il ne tient pas au mur; on le voit à la profondeur de la rainure qui le sépare des colonnettes voisines. Le dais qui le surmonte est percé d'un trou où se trouve une cheville en fer, destinée sans doute à le fixer. La seule objection que j'aie aperçue à mon opinion consiste en ce que je n'ai pu voir de nimbe plaqué sur le nu du mur au fond de la niche, quoiqu'on le trouve conservé dans la plupart des autres niches vides de ce rang.

Voussures n°s. 1 et 2, en allant de dehors en dedans (accolées) : *dix* sujets seulement au lieu de *douze*, à cause de la greffe des contreforts. Les compartiments *correspondants* ne peuvent être séparés des *principaux* dont ils complètent les scènes. Nous avons donc, en commençant par le premier de ceux qui subsistent en bas, à gauche.

1. Création d'Eve; Adam dort.
2. Dieu (nimbe crucifère) défend à Adam et à Eve de manger le fruit.
3. Adam et Eve mangent le fruit (Adam se serre le cou comme dans les monuments *romans* de la Gironde; signe de chagrin, de douleur, de répugnance : il désobéit par complaisance et à contre cœur, non par passion personnelle).
4. Dieu (nimbe crucifère) reproche leur désobéissance à Adam et à Eve qui se voilent de la main.

5. L'ange, armé du glaive, chasse du Paradis terrestre Adam et Eve vêtus de peaux de bêtes.
6. Le démon souffle la jalousie dans le cœur de Caïn assis les mains derrière le dos.
7. Abel, devant un autel, sacrifie un agneau qu'un ange reçoit dans ses mains.
8. Caïn, devant un autel, offre une gerbe de blé. Derrière lui, un démon pourvu de griffes et de queue, ayant une figure monstrueuse plaquée sur le ventre (comme le *Satan* du jugement dernier au portail central), le pousse au meurtre de son frère.
9. Caïn, armé d'une houe, frappe Abel qui porte la main à sa tête pour marquer la douleur du coup, et qui tient sa houe abaissée le long de sa jambe, sans se défendre.
10. Dieu (nimbe crucifère) demande à Caïn qui tient encore sa houe et à sa femme à côté de lui, ce qu'il a fait de son frère.

La création d'Adam, que M. de Lamothe a cru se trouver à la deuxième case, devait, ce semble, occuper la première qui est détruite; la dernière qui est dans le même cas, pouvait représenter la punition de Caïn ou les lamentations d'Adam et d'Eve sur la mort d'Abel.

Voussure n°. 3 : *dix* personnages. Cinq *vierges sages* sont à gauche; il n'y a de bien conservé qu'une seule lampe et elle est tenue *droite;* de l'autre côté, cinq *vierges folles* dont les lampes, mieux conservées, sont renversées.

Voussure n°. 4 : *huit* anges portant chacun un encensoir ou un chandelier.

Voussure n°. 5 : *Six* pontifes assis (Papes? Evêques? probablement Docteurs de l'Eglise) ornés d'une coiffure ambiguë (tiare? mître?) et du *pallium :* chacun d'eux tient un livre. On ne peut s'empêcher de remarquer avec étonnement que ces pontifes sont placés au plus près du tympan, et par conséquent en un rang plus élevé *hiérarchiquement* que celui des anges de la quatrième voussure ; mais un exemple analogue et du même temps, a été cité et ingénieusement commenté par M. Didron, au portail Nord de la cathédrale de Reims *(Manuel d'iconogr. chrétien.* p. 266, en note), où l'on voit les Archevêques placés en un rang plus honorable que celui des Papes.

Tympan, divisé en trois bandeaux (Pl XII). Dans le supérieur, il ne se trouve que trois objets, la mer, une barque vide avec son gouvernail, et un homme nimbé, revêtu d'une robe montante jusqu'au cou, nageant et ayant à peu près la moitié du corps hors de l'eau, bien que la position du corps ne soit pas verticale, mais presqu'horizontale. Dans ce motif, M. Lacour a vu le sommeil de J.-C. dans la barque, sommeil mystérieux d'où va naître l'Eglise. Qu'on ne me demande pas pourquoi, reconnaissant en propres termes que *la barque est vide*, il y voit *le sommeil de J.-C. dans la barque* : je m'y perds. Je ne conçois pas non plus pourquoi il ne dit rien de l'homme qui nage auprès de la barque (à moins qu'on n'ait omis un alinéa dans la transcription qui m'a été envoyée).

Quant à M. Jouannet, il a vu dans ce bas-relief « la barque de *saint Pierre* (sic) abandonnée sans pilote sur les flots. » Si, par ces mots, il avait entendu la *barque de Pierre* (l'Eglise), il y aurait là un non-sens absolu. La BARQUE DE PIERRE n'a jamais été *abandonnée sans pilote*, elle ne le sera jamais ; et si, malgré l'histoire et la foi, on voulait qu'elle l'eût été une fois, serait-ce l'Eglise elle-même qui pourrait avoir l'absurdité de s'en vanter sur une porte triomphale ? Passons.

M. de Lamothe a bien compris le fait matériel, et tout en répétant la phrase de M. Jouannet, il l'a améliorée en l'appliquant à un récit évangélique ; mais il a confondu ce fait avec un autre assez semblable, et il est ainsi retombé dans le

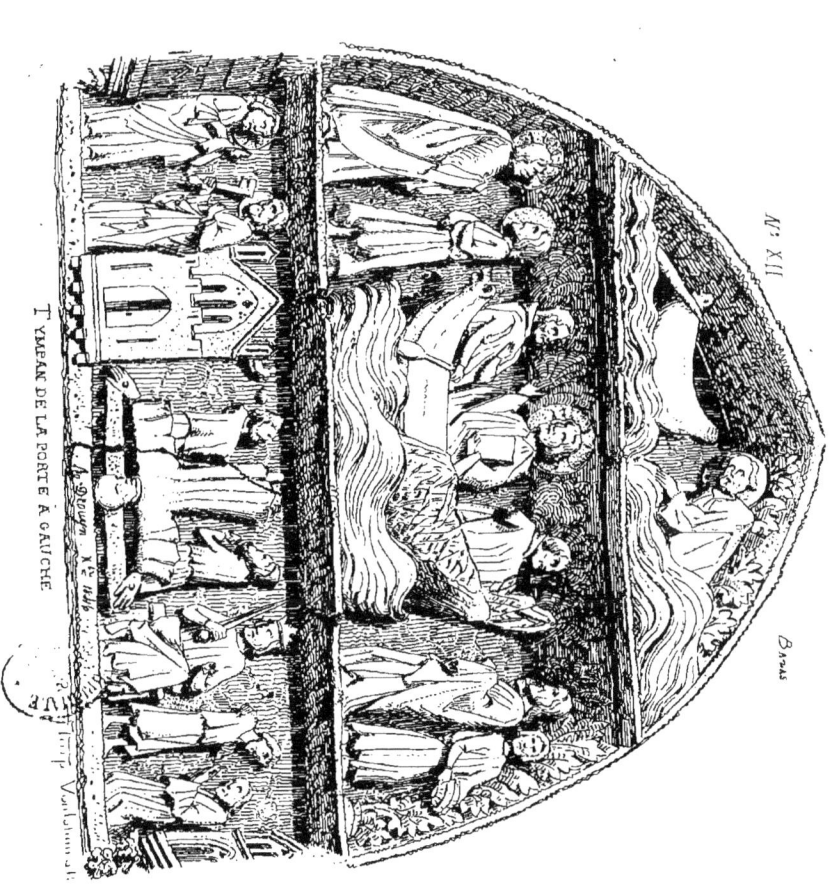

faux après avoir passé par le vrai. « St.-Pierre », dit-il dans les *Types de la Gironde*, « a reconnu J.-C. ; il s'est jeté à « la mer pour aller au-devant de lui ; » Voilà le vrai. « Mais la « frayeur le saisit, ajoute-t-il ; « les flots cèdent sous ses pieds « et il est prêt à être englouti ; » Voilà le faux. Si le fait évangélique représenté était le moment où St.-Pierre *marchant sur l'eau*, commence à s'enfoncer, son corps serait *vertical* et non presqu'horizontal ; les flots céderaient *sous ses pieds* et non sous la moitié de son corps ; il s'enfoncerait, en un mot, comme un bâton, et ne nagerait pas ; il aurait l'air effrayé et tendrait les bras vers son Maître marchant sur l'eau à sa rencontre et le relevant de sa main divine ; enfin il serait vêtu de son manteau par dessus sa robe, et non de sa robe seulement.

Voici l'explication de cette sculpture ; elle se trouve tout entière dans l'évangile du mercredi de Pâques (St.-Jean, XXI, 3-7) : « Simon-Pierre leur dit » (aux apôtres) : » je « m'en vais pêcher. Ils lui dirent : nous y allons aussi avec « vous. Ils y allèrent, et montèrent dans une barque ; mais « ils ne prirent rien cette nuit-là. Le matin, Jésus parut sur « le rivage ; les disciples néanmoins ne s'aperçurent point « que c'était lui. Jésus donc leur dit : Enfants, n'avez-vous « rien à manger ? Ils lui répondirent : non. Il leur dit : jetez « le filet du côté droit de la barque, et vous en trouverez. « Ils le jetèrent aussitôt ; mais ils ne pouvaient plus le tirer, « tant il y avait de poissons. Alors le disciple que Jésus aimait « dit à Pierre : c'est le Seigneur. Simon-Pierre, entendant « que c'était le Seigneur, mit son habit (car il était nud), « et se jeta dans la mer. » — Je cite les paroles latines, comme plus précises : *Simon Petrus cùm audisset quia Dominus est*, TUNICA SUCCINXIT SE (ERAT ENIM NUDUS) ET MISIT SE IN MARE.

Il y a ici deux observations à faire. Premièrement la barque est vide, et elle devrait être pleine d'après le récit évangélique. J'ai l'air de tomber dans la même erreur que M. Lacour ; mais l'action est bien déterminée, et je crois que c'est faute d'espace dans le compartiment supérieur du tympan, que le sculpteur s'est borné à figurer une petite barque vide; ou bien il ne voulait pas raconter le fait évangélique en lui-même, mais uniquement mettre en relief l'empressement de saint Pierre, et il n'a fait dès-lors qu'indiquer le souvenir des circonstances accessoires. La même objection pourrait d'ailleurs être faite à une telle représentation du fait évangélique connu sous le nom de *saint Pierre marchant sur l'eau*, puisque les disciples étaient aussi dans cette autre barque (St. Math. XIV, 22-34).

La seconde observation porte sur ce que les Grecs, dans l'apparition de J. C. au bord de la mer de Tibériade après la résurrection (c'est celle de la sculpture de Bazas), représentent saint Pierre nageant dans la mer et NU, malgré le texte évangélique de saint Jean (Didron, *Manuel d'icon. chrétien.*, p. 203); je ne saurais donner l'explication de cette variante iconographique.

2e. **Bandeau.** M. Jouannet l'interprète ainsi : « La « même barque montée par cet apôtre et par quelques « autres personnages. » Ce n'est pas cela, et M. Lacour a bien reconnu J. C. caractérisé par le nimbe crucifère, assis au milieu de la barque entre deux apôtres dont l'un retire les filets de l'eau ; la barque est portée sur une élévation ondulée qui figure la mer.—A gauche, M. Lacour voit Dieu le Père confiant à son Fils la mission d'instruire les hommes. Cette explication est inadmissible, parce que *Dieu le Père* n'est représenté, au XIIIe. siècle, que par une main bénissante et non par une figure en pied, et parce que l'un des deux personnages, ayant le nimbe *uni*, est un Saint et non un Dieu comme l'autre qui a le nimbe *crucifère;* celui-ci est donc Jésus-Christ appelant saint Pierre à l'apostolat. — A droite de la barque, un personnage est debout au bord de la mer, et près de lui un autre porte des poissons dans sa main.

M. de Lamothe, poursuivant l'idée qu'il avait adoptée pour le bandeau supérieur, voit dans le groupe de gauche J.-C. soutenant St.-Pierre sur l'eau ; mais St.-Pierre se tient, là, sur la terre ferme et non sur l'eau. Dans cette première *vocation* de St.-Pierre, le sculpteur ne fait pas mention des circonstances qui l'accompagnèrent : « Il (St.-« André) rencontra d'abord son frère Simon à qui il dit : « nous avons trouvé le Messie (ce qui veut dire le Christ). « Et il le mena à Jésus. Jésus l'ayant regardé, lui dit : « Vous êtes Simon, fils de Jean ; vous serez appelé Céphas « (ce qui signifie Pierre). » St.-Jean, 1. 41, 42.

Le second groupe (au centre du deuxième bandeau) est bien, comme l'ont dit MM. de Lamothe et Lacour, la pêche miraculeuse ; mais ce n'est pas celle qui eut lieu après la résurrection, au bord de la mer de Tibériade, et dont je viens de transcrire le récit évangélique dans le 21ᵉ. chapitre de St.-Jean. C'est celle qui fut faite lors de la vocation des apôtres et telle qu'elle est racontée ainsi qu'il suit par St.-Luc, V. 2-8 : « Et ayant vu deux barques arrêtées au bord, « d'où les pêcheurs étaient descendus pour laver leurs filets ; « il monta dans l'une de ces barques, qui était à Simon, « et le pria de s'éloigner un peu du rivage ; puis s'étant « assis, il instruisait le peuple de dessus la barque. Quand « il eut cessé de parler, il dit à Simon : avancez en pleine « eau, et jetez vos filets pour pêcher. Simon lui répondit : « Maître, nous avons travaillé toute la nuit sans rien « prendre : néanmoins sur votre parole je jetterai le filet. « L'ayant fait, ils prirent une si grande quantité de poissons « que leur filet en rompait. Ils firent signe à leurs compa-« gnons qui étaient dans l'autre barque, de venir les aider. « Ils y vinrent, et on emplit les deux barques ; en sorte « qu'il s'en fallait peu qu'elles ne coulassent à fond. Ce que

« voyant Simon-Pierre, il se jeta aux pieds de Jésus et lui
« dit: Seigneur, éloignez-vous de moi, parce que je suis
« un pécheur. » — Les Grecs qui, comme je l'ai déjà fait
remarquer, ont à leur disposition plus d'espace que nos
sculpteurs, peignent les deux barques: *dans l'une d'elles,
J.-C. et Pierre à genoux devant lui, et André tirant un
filet* (Didron, *Manuel d'icon. chrét.*, p. 166); c'est là
tout ce que montre la sculpture de Bazas.

Reste le groupe à droite de la barque, composé de deux
personnages dont un tient des poissons dans sa main. Serait-ce
saint André disant à N.-S., lors des deux multiplications
de pains: « Il y a ici un jeune garçon qui a cinq pains
« d'orge et deux poissons? » Je ne vois pas de signes assez
caractéristiques pour l'affirmer.

3ᵉ. **Bandeau.** M. Lacour, dont le second mémoire
est terminé par une synthèse générale des trois portails,
aussi irréprochable sous le rapport de l'entente religieuse de
l'ensemble que conforme à la lettre iconographique du
monument, a décrit ce dernier bandeau d'une manière
aussi exacte que complète. M. Jouannet n'avait parlé que
du martyre de saint Pierre qui est représenté au milieu;
M. de Lamothe est entré dans plus de détails, mais il y a
plusieurs modifications à faire à sa description. Elle ne fait
pas mention d'un roi qu'on y voit sur son trône, et qui
devait pourtant y tenir une grande place. « Saint Pierre,
« dit-il, coupant l'oreille de Malchus dans le jardin des
« Olives; vient ensuite le supplice de l'apôtre; enfin, Jésus
« lui remet les clefs du paradis, dont l'entrée est figurée par
« une façade gothique fortifiée. » Dans tous les cas, l'ordre
chronologique veut qu'on commence l'explication de ce
bandeau par le groupe à gauche (le dernier dont parle
M. de Lamothe). On y voit N. S. (nimbe crucifère) qui
lève la main gauche et parle à saint Pierre (nimbe uni) à
qui il vient de remettre les clefs. Derrière saint Pierre

est une façade gothique (l'Eglise) sous la porte de laquelle on voit, au lieu de terrain, cinq pierres taillées et rangées comme des modillons. Cette remarque, faite par M. Lacour et par M. de Gourgue, précise les paroles de l'évangile qui ont dicté cette scène du tympan : *Tu es Petrus, et super hanc petram ædificabo ecclesiam meam..... Et tibi dabo claves regni cælorum* (MATTH. XVI; 18, 19). — Le groupe du milieu offre saint Pierre crucifié la tête en bas. Derrière la croix on voit deux personnages debout, lesquels, d'après la *Légende dorée* (nouv. éd. franç., p. 299), pourraient être pris pour ses deux disciples, Marcel et Apulée, qui détachèrent son corps de la croix et l'embaumèrent; mais M. Drouyn affirme, d'après le mouvement des tronçons mutilés de leurs bras, que ce sont deux bourreaux. — Le dernier groupe à droite (séparé du crucifiement de saint Pierre par un roi assis, tenant une épée et tournant ses regards vers l'apôtre crucifié) se compose d'un personnage debout et levant son glaive sur un homme agenouillé devant lui. C'est là ce qu'on a pris pour saint Pierre coupant l'oreille de Malchus; mais ce serviteur du grand-prêtre, venant pour s'emparer de la personne sacrée du Sauveur, ne s'agenouilla pas, apparemment, pour se faire couper l'oreille plus commodément par saint Pierre. Allons au vrai : un homme qui attend la mort à genoux, les mains jointes, aux pieds d'un personnage qui apprête son glaive, n'est et ne peut être qu'un martyr de Jésus-Christ. Et ici, le martyr est saint Paul; car, entre l'Apôtre des Nations, qu'on va décapiter, et le Prince des Apôtres crucifié la tête en bas, Néron, qui les condamna tous deux, trône la couronne en tête, une gigantesque épée à la main, digne sceptre d'un tel bourreau !

Tels sont les détails que nous avons étudiés de nouveau, M. Drouyn et moi, après tant d'autres, sur les trois portails de cette cathédrale que Louis XIV appelait *un grand vaisseau renversé sur des fuseaux* (O'Reilly, p. 215). Qu'elle était belle, qu'elle était imposante, cette cathédrale, le jour où nous l'étudiâmes ! C'était le dimanche 24 mai : au milieu de la vaste nef, un cénotaphe, surmonté d'une couronne virginale de laquelle descendaient de blanches banderolles, attendait une jeune fille morte après de longues souffrances et dans la paix d'une séraphique piété. La voix doucement attristée du pasteur avait, pendant les Vêpres, convié les Fidèles à cette grave cérémonie, et déjà plus de deux mille personnes de la ville et des campagnes se pressaient sur la vaste déclivité de la place, devant la basilique toute resplendissante des feux du couchant. L'église jadis épiscopale de Bazas n'a pas oublié ses antiques splendeurs; elle déployait les restes de ses pompes pour pleurer son humble et pieuse enfant: ses voûtes résonnaient sous les ondulations lentes et majestueuses du *Libera*. Et bientôt après, deux longues files de vierges vêtues de blanc, de matrones vêtues de noir, traversaient les groupes de paysans agenouillés, de jeunes filles aux vêtements bigarrés. Tous les yeux restaient fixés sur ce cercueil plus petit que d'ordinaire, couronné de roses blanches et de roses pâles, précédé de cette autre couronne détachée de la voûte ; et en avant encore, un cierge à la main, le pasteur vénérable allait jeter un peu de terre sur cette dépouille honorée, après avoir soutenu la jeune âme jusqu'aux portes du ciel (1).

(1) Le voyageur studieux doit chercher partout à recueillir quelque chose qui l'instruise. Je n'ai trouvé que peu de particularités à noter dans le rit funéraire de Bazas. Au centre du chapeau de roses blanches posé sur le cercueil, il y avait comme une autre petite couronne de roses à peine purpurines. Dès la veille, une jonchée composée *uniquement de buis* était répandue devant le seuil de la maison mortuaire, et c'était encore et uniquement du buis effeuillé que de très-petites filles tiraient de leurs corbeilles et répandaient sur le passage du cercueil. Les prêtres et les chantres portaient tous un cierge. Le drap mortuaire blanc, croisé, bordé et frangé de noir, était semé de larmes, d'os croisés et de têtes de mort couleur de bistre.